GILBERTO GIL

trayectorias musicales

GILBERTO GIL

ENSAYO
Sergio Cohn

ENTREVISTAS
Ana Paula Simonaci
Leonardo Lichote
Paulo Almeida
Sergio Cohn (edición final)

Trayectoria Musical | Gilberto Gil

COORDINACIÓN EDITORIAL Y DISEÑO GRÁFICO
Sergio Cohn

TRADUCCIÓN
Colectivo El Puente Invisible
Cristián Jiménez Plaza

PROYECTO ORIGINAL
Ana Paula Simonaci | Janaína Marquesini | Leonardo Lichote
Paulo Almeida | Sergio Cohn

FOTOS
Daryan Dornelles (cubierta, 14); Archivo personal (28, 40, 57, 62, 103); *Still* de la película *O Demiurgo*,
Jorge Mautner (66); Mario Luiz Thompson (75, 84); *Still* de la película *Viva São João*,
de Andrucha Waddington (92); Paulo Fehlauer (114).

ISBN: 978-989-35445-2-5

COLECTIVO EL PUENTE INVISIBLE

OCA EDITORIAL (PORTUGAL, BRASIL, ANGOLA)

ANDANTES (ESPAÑA Y AMERICA LATINA)

LES MOTS MOBILES (FRANCIA Y BÉLGICA)

THE INVISIBLE BRIDGE (EUA, CANADÁ, INGLATERRA,

AUSTRÁLIA Y ÁFRICA DEL SUD)

MÁS QUE EDITORES, PUENTES ENTRE CULTURAS

trayectorias
musicales

Las voces del mundo son múltiples. También lo son las formas en que los pueblos se piensan a sí mismos. Si la cultura occidental moderna ha dado prioridad a la reflexión filosófico-literaria, es decir, ha concedido un valor especial a la palabra escrita, es imposible negar el poder de la música no sólo como medio de expresión, sino también como fuente de pensamiento. Muchos países, especialmente en África y América Latina, se piensan fundamentalmente a través de la música. Pero no sólo ellos. La música ha desempeñado un papel central en los principales cambios sociales de las últimas décadas, consolidándose como un instrumento transformador de la máxima importancia.

Así, al reunir ensayos biográficos, entrevistas y discografías de grandes nombres de la música mundial, la colección Trayectorias Musicales permite conocer, de forma sabrosa, no sólo la historia de la música contemporánea, sino también importantes momentos políticos y sociales que han transformado el mundo.

Publicado por El Puente Invisible, un colectivo de editores, artistas, investigadores y traductores de diferentes lenguas y lugares - Oca (portugués), Andantes (español), Les Mots Mobiles (francés) y Backlands Press (inglés), con el objetivo de construir puentes y diálogos entre estas culturas, la colección Trayectorias Musicales pretende ser algo más que una colección de libros; busca ser un acto político de cercanía y apertura al otro, de diálogo franco y de establecimiento de relaciones entre culturas, creyendo siempre que la música es un importante vector de conocimiento, de valorización cultural y de transformación social.

El mejor lugar del mundo es aquí y ahora. La célebre frase –cantada por Gil en "Aqui e agora", de 1977– tal vez sea la certeza más profunda que el bahiano carga en su vida y en su obra. Una certeza que condensa a Buda y Bahía, y a todos los santos de su Bahía de Todos los Santos, que es el comienzo del caminar de Gil hacia el encuentro de todos los otros lugares.

Es famosa la definición que Torquato Neto consignó en la contracarátula del primer LP del compositor: "Existen varias maneras de cantar y de hacer música brasileña, Gil las prefiere todas". Esa condición de preferirlas todas es lo contrario de una falta de foco o de criterio; una acusación superficial que se le impugnaba a los tropicalistas. El foco está justamente en el aquí y el ahora, apoyado en el criterio máximo del sentido de la existencia: el presente y el enorme campo de posibilidades que él presenta.

Gil le da grandeza al detalle y hace más pequeña (frente al tiempo, la humanidad y la muerte) la ilusión de la grandiosidad humana. Piedrecilla pequeñita afirmándose sobre la losa, como en el ponto de macumba constantemente citado por el historiador Luiz Antônio Simas. Es ese enraizamiento de Gil en el aquí y el ahora que, paradójicamente, lo lleva a flotar serenamente al entender que siempre es aquí y ahora. Gil mantiene esa serenidad frente al terror (de la dictadura, del exilio, de la estupidez de las personas nefastas), porque ve la vida desde la perspectiva de los dioses, desde lo alto. Sabiendo y enseñando que la acidez del tamarindo precede al dulzor del mango.

Desde su aquí y ahora proyectado hacia después del año 2000 y más allá, Gil transformó a la canción y a la guitarra brasileñas, y consecuentemente transformó a Brasil; lo hizo más negro (chocolate y miel) con su mirada y su voz. No existe un lugar más elevado para un creador, más aun para un compositor popular.

Un poco de su vida y de su pensamiento están presentes en este libro. Aflojemos los nudos de los zapatos, de la corbata, de los deseos y los recelos para vislumbrarlo.

Leonardo Lichote
Jornalista e crítico musical brasileiro

GIL FUTURIBLE

por Sergio Cohn

En la persona de Gilberto Gil coexisten diferentes formas de la experiencia humana, las que pueden ser definidas a partir de la recurrente aparición de la partícula "y" ("la palabra más ininteligible de todo nuestro lenguaje", según Fichte) al lidiar con los elementos que constituyen su obra: lo arcaico *y* lo contemporáneo, la ciencia *y* el arte, lo popular *y* lo erudito, lo poético *y* lo político, el lugar común *y* lo extraordinario, la tradición *y* la invención, la metafísica *y* la praxis. Todo eso y mucho más se amalgama en una trayectoria íntegra y bella, generando un pensamiento y una de las obras más potentes e innovadoras de la cultura brasileña.

El elemento aglutinador de diferentes posibilidades –algunas de ellas inicialmente opuestas– ya estaba presente en la Tropicalia, con el rescate de la antropofagia de Oswald de

Andrade ("solo me interesa lo que es ajeno")[1], al proponer la absorción crítica de lo extranjero contra cualquier propuesta de pureza identitaria ("la pureza es un mito", afirmaba Hélio Oiticica en su instalación penetrable que dio nombre al movimiento). Este elemento pasa por la concepción madura de "*parabolicamará*", la palabra compuesta que une la capacidad comunicativa de una "aldea global" (la antena parabólica) y el elemento local "*camará*", expresión de la capoeira bahiana (el encuentro entre lo global y lo local se desdoblaría en otro neologismo utilizado por Gil diez años después, lo "glocal"); hasta llegar a la concepción antropológica de cultura, que orientó su luminoso paso como ministro de Cultura en los gobiernos de Lula, concibiéndola como algo que envuelve a toda la experiencia humana y no solo a los lenguajes artísticos.

Esta mirada con ojos libres ha acompañado a Gil a lo largo de más de cinco décadas de intensa participación en el mundo artístico y la sociedad brasileña. Una mirada marcada por el interés en relación con las nuevas posibilidades sociales y tecnológicas, y su impacto en nuestras vidas. Desde la

1 Em 1928, o modernista brasileiro Oswald de Andrade incovou a prática pré-colonial dos Tupinambás do canibalismo para propor o "Manifesto Antropófago", como uma forma de canibalizar as influências internacionais sem perder os traços culturais brasileiros. Segundo Oswald escreve, "Só me interessa o que não é meu".

guitarra eléctrica hasta el internet, Gil ha sido pionero en la utilización de adelantos tecnológicos para la creación y la difusión de su obra, al punto de haber realizado, el día 24 de diciembre de 1996, la primera transmisión en vivo de una canción por internet en Brasil. No por casualidad la canción se llamaba "Pela internet", en una ilusión al primer samba grabado en estudio de la historia, "Pelo telefone", de Donga y Mauro de Almeida.

Es interesante darse cuenta que Gil comparte con los otros compositores del grupo bahiano que vino a renovar la música popular brasileña (MPB) en la década de 1960 (Caetano Veloso, Capinam, Tom Zé, entre otros) la sobreposición de experiencias, entre la infancia en una pequeña ciudad del interior, marcada por una vida simple y tradicional, y una juventud en el efervescente escenario *"avant-garde* de Bahía"* –para usar el término de Antonio Risério que define la agitación cultural de Salvador en la primera mitad de la década de los sesenta–.

Gilberto Passos Gil Moreira nació el 26 de junio de 1942 y vivió hasta los diez años en Ituaçu, en la catinga[2] bahiana. Él mismo recuerda en una entrevista con Almir Chediak [1992]:

2. Bioma del nordeste brasileño caracterizado por una vegetación de sabana estépica.

Yo vivía en Ituaçu, una ciudad pequeña, con menos de mil habitantes en aquella época. Una ciudad muy emblemática, matriz de la comunidad humana urbana. Era un municipio pequeño, pero tenía edificio consistorial, foro, correos, cámara municipal, juez, abogado, fiscal, padre, parroquia, médicos. Tenía una placita con una iglesia, con pérgola, con todo. La ciudad está en la catinga, pero, como está en un valle al lado de un río, es una ciudad verde, florida. Viví allí hasta los diez años.

Las referencias básicas de la música local eran el acordeonista Cinézio, la banda A Lira Ituaçuense, una banda de música filarmónica y los violeros que tocaban en las ferias… Las ferias eran los sábados. Los jueves o viernes empezaban a llegar algunos comerciantes y con ellos venían los violeros, los cantores. Y las dos referencias mecánicas eran: la radio, la música se tocaba principalmente en la Radio Nacional, la Radio Tupi y, eventualmente, la Radio Mayrink Veiga, que eran las que se captaban en Ituaçu; y los discos, muy escasos también.

Dos o tres casas tenían vitrolas, gramófonos, máquinas donde se tocaban algunos discos; de Bob Nelson, Orlando Silva, Luiz Gonzaga, cosas así. Y, claro, ese mundo ya daba una referencia más amplia. El repertorio *de la Radio Nacional consideraba prácticamente todos los cantantes exitosos: las hermanas Batista, Carlos Galhardo, Francisco Alves, Augusto Calheiros, Jararaca y Ratinho, Emilinha Borba, Marlene.*

La música fue desde siempre un elemento central en la vida de Gilberto Gil. Aunque acompañase con atención el trabajo que su padre José Gil realizaba en casa, como un médico reconocido en la ciudad, lo que Gil quería realmente era ser musgueiro[3], encantado con el descubrimiento de los sonidos desde su primera infancia [1992].

La conciencia de estar rodeado de música; un cerco idílico, como si una especie de ninfa, de hada, o algo de ese tipo estuviese ahí para seducirme apareció muy temprano en mi vida. Yo jugaba con las cosas, me llamaba la atención la naturaleza, las personas, iba escogiendo cosas por su sabor. Las cosas buenas dulces, las cosas buenas saladas, las buenas sensaciones del cuerpo, la sensación que provocaba el jadeo en las corridas por el patio, por los campos, los juegos, lo lúdico. Todo aquello entraba

3. Palabra que Gil inventó en su infancia para referirse a quien trabaja con música.

en mi vida y, claro, yo lo iba identificando y reconocía mi proximidad con ello.

Pero con la música era diferente. Cuando la escuchaba, ocupaba un espacio especial en la atención que ponía a las cosas. Era como si, de repente, algo, algún ente de un mundo específico estuviese hablando conmigo de una forma en que las otras cosas no hablaban. De un modo en que los colores no lo hacían, que las densidades no lo hacían… La música me hablaba de una manera diferente. Tenía una cierta seducción, una cosa mágica.

Cuando tenía dos o tres años, yo ya había decidido que, cuando pudiese, cuando estuviese capacitado, establecería formas de contacto con ese mundo. Cuando mi mamá me preguntaba, yo respondía que cuando grande quería ser "musgueiro". Mi papá, mi abuela, todos preguntaban: "¿Qué quieres ser cuando grande?". Y yo respondía: "Voy a ser 'musgueiro'". Yo ya quería hacer música, quería tener algún tipo de relación con ella.

La familia Gil tenía una posición destacada en Ituaçu. Su madre, Claudina Passos, era profesora de enseñanza básica y su padre, además de trabajar como médico, participaba activamente de la política local. De esta forma, Gil pudo no solo tener una infancia segura desde el punto de vista financiero, sino que también acompañar de cerca elementos de la cultura local que se le develarían como importantes referencias en su vida [1992]:

Mi papá era uno de los dos médicos de toda la región. Un mulato de pelo blanco, como Dorival Caymmi. Ellos eran de la misma generación y muchas veces lo confundían con Dorival en la calle. Mi papá recorrió todos los escalafones de ascenso social para los negros y mulatos. Era uno de los raros, digamos así, de esa especie de negros a los que le fue bien y terminaron siendo pequeños burgueses. Yo nací en ese contexto, tuve toda una vida programada para darle continuidad a eso, para ser doctor, letrado, ilustrarme, ocupar posiciones importantes; continuar ese camino de consolidación de una burguesía negra en Bahía.

Mi papá era uno de los líderes locales, uno de los jefes políticos de la ciudad. Incluso porque era responsable de cuidar de una parte importante de la población. La vida en esa época era muy politizada de una forma maniquea. Mi papá era del PSD[4] y el doctor Luiz Gouveia, que era

4. Partido Social Democrático (1945-1965).

el otro médico, del UDN[5]. Los dos partidos más fuertes de la época. Quien pertenecía al PSD se trataba con mi papá, quien era de la UDN, con el doctor Gouveia. Había casos en que si un afiliado al PSD estaba en riesgo vital y mi papá no estaba en la ciudad, simplemente moría. Y viceversa. Era una disputa política muy intensa.

La vida política estaba muy presente en casa y eso terminaba incluyendo a la cultura local. Mi casa era sede de encuentros en los días de fiestas religiosas. Cuando compuse "Procissão", lo hice pensando en esa experiencia. La procesión pasaba por la puerta. Otro escenario importante eran las fiestas juninas donde, alrededor de la fogata de la casa, se reunían varias personas de la ciudad y los jefes de familia de las haciendas de los alrededores. Los clientes agradecidos de mi papá, que habían sido curados por él.

A los nueve años, Gil se mudó a la capital del estado para vivir con Margarida, la tía paterna, y continuar con sus estudios. En Salvador empezó a estudiar acordeón, por influencia de Luiz Gonzaga. Frecuentó por algunos años la

5. Unión Democrática Nacional (1945-1965).

Academia de Acordeón Regina y llegó a formar un grupo en su escuela, el Bando Alegre [2007].

El primer fenómeno musical que dejó una marca importante en mí fue Luiz Gonzaga. En gran medida por la intimidad que su música tuvo en mi vida. Fui criado en el interior del sertão *de Bahía, justamente en esa cultura y ambiente que le entregó todo el material para su trabajo en relación con la música nordestina. Luiz Gonzaga fue el primer portavoz de la cultura marginalizada del Nordeste. Antes de él, el* baião *no existía. Era un ritmo del longincuo folclor del Nordeste. Luiz Gonzaga hizo con la música nordestina –que hasta entonces era apenas folclor, cosa de feria, de cantores, en un nivel de cultura popular no masificada, no industrializada– exactamente lo que João Gilberto hizo con el samba.*

Otra cosa genial de Luiz Gonzaga –y la conciencia de aquello vino después, cuando yo ya meditaba sobre los problemas de la MPB– fue el reconocimiento de que fue también, muy probablemente, el primer hito significativo desde el punto de vista de la cultura de masas en Brasil.

5 Local do leilão de escravos colonial de Salvador, hoje um destino histórico cultural revitalizado.

Tal vez el primer gran artista relacionado a la cultura de masas, estando su música y su posición vinculadas a un trabajo de propaganda, de promoción. Entre 1951 y 1952, él firmó un contrato fabuloso, de alto nivel promocional, con la empresa Colírio Moura-Brasil, que organizó giras de Luiz Gonzaga por todo Brasil.

En Salvador, Gil llegó a vivir al barrio de Santo Antônio, en ese entonces un efervescente polo cultural. Su vida, entonces, se dividió entre dos realidades: por un lado, frecuentaba un colegio de élite, el Nossa Senhora da Vitória, y por otro vivía el día a día en un barrio de clase media baja, con una alta población de negros e inmigrantes árabes y españoles [2007].

Yo diría, casi sin miedo a equivocarme, que Santo Antônio era el barrio más representativo de la formación de la ciudad de Salvador en aquel periodo. Era el barrio con la mayor concentración de iglesias, donde está el Convento do Carmo, donde había sido fundada la ciudad, donde había sido firmado el tratado entre holandeses y portugueses, luego de la rendición de los holandeses. La procesión de Semana Santa salía de ahí. Y al lado está el

Pelourinho, con su densidad cultural y esa significación tan fuerte.

En la parte baja, bajando el desfiladero, está el puerto de Salvador, donde llegaban los marineros extranjeros y se encaminaban al barrio de Santo Antônio. Las grandes comparsas de carnaval, como Os Corujas (que después se transformaron en Os Internacionais) y los Filhos de Gandhy, todas ellas nacieron en el barrio de Santo Antônio. Santo Antônio era una perla negra. Hoy decadente, pero en aquella época absolutamente efervescente. Tuve la suerte de ir a parar a ese lugar y pasar ahí mi adolescencia.

En este periodo, además de Luiz Gonzaga, Gil tuvo otro ídolo musical, que lo acompañaría como una fuerte influencia por toda su vida: Jackson do Pandeiro [2007].

Cuando yo era niño, me quedaba escuchando a Jackson do Pandeiro en la radio y pensaba: "Un día voy a cantar con él. Creo que tengo una gracia parecida a la de él". Tal vez él me haya influenciado más todavía que Luiz Gonzaga. La radical importancia de Jackson recae en que es uno de los llamados definidores cíclicos de la

*MPB. Él introdujo el coco, el encanto malandra nor-
destino, mientras que Luiz Gonzaga trajo el baião, que
tiene sus raíces en el sertão, en la catinga. Luiz es rural
y Jackson urbano. Ellos son, en definitiva, dos caras de la
misma moneda, expresiones supremas de la música del
Nordeste. En mi formación, los dos son fundamentales,
solo que me siento más cercano a Jackson. Tengo un
swing igual a él.*

Hacia finales de la década de 1950, Gil ya había formado
un grupo musical con amigos del barrio, Os Desafinados,
donde tocaba acordeón y vibráfono. En aquella época se
sintió atrapado por el ritmo de bossa nova y la guitarra de
João Gilberto, lo que lo llevó a querer cambiar de instrumento, pasando del acordeón a la guitarra. El impacto de
aquella nueva sonoridad fue tan grande que hasta el día de
hoy Gil recuerda cuando la escuchó por primera vez [2007]:

*Recuerdo cuando apareció João Gilberto. En aquella
época yo estaba terminando la enseñanza media. Ya
tocaba acordeón hace unos ocho años, ya había pasado
por mil fiestas de forró al interior de aquellas fincas. El
acordeón era un instrumento racional para mí, estable-*

cía con él una relación inmediata, matemática, con los teclados. En cambio, la guitarra la tomaba solo ocasionalmente y no veía nada en ella. Solo veía seis cuerdas y no sabía nada más, cómo se organizaban, cómo se formaban los sonidos...

Pero un día en que volvía del colegio, al llegar a la casa, mi tía sirvió el almuerzo y colocó la Radio Bahía. Y en ese momento, hijo mío, estaban tocando aquella música que abre el primer LP de João Gilberto, "Chega de saudade". Yo dije: "¿Qué es eso?". Sentí una cosa extrañísima, ¿sabes? Paré de comer, me quedé parado al lado del radio, escuchando. Y pronto acabó, porque las canciones de João eran cortas.

Me quedé toda la tarde estudiando con la radio encendida. Entonces, cerca de las cuatro, apareció de nuevo João Gilberto, cantando otra canción de ese disco, pero con la misma sonoridad. Aquello me impresionó fuertemente. Unos tres días después me encontré con un chico que trabajaba en la Radio Bahía y le pregunté por aquella música con esa guitarra tan diferente y él me contó que era João Gilberto, un cantante nuevo que había aparecido en Río.

Gilberto Gil, 1

Coincidió que unos meses después mi hermana recibió una guitarra para su cumpleaños. Y la guitarra quedó ahí en la casa, como una presencia extraña. Era una guitarra negra con la boca blanca y de plástico. João, a esas alturas, se escuchaba varias veces al día en la radio. Y decidí que no había alternativa, que yo tenía que tocar guitarra, que tenía que hacer lo que aquel hombre estaba haciendo.

Entonces comencé, estudié con el método de Canhoto, aprendí las posiciones. Apenas pude armar tres o cuatro acordes que podían armonizar las canciones básicas, pasé al toque de la bossa nova, que me dio un trabajo de locos. Porque yo entendía los toques como baião, nunca como samba. No conseguía asociar el samba a aquello que João estaba haciendo. Solo logré descifrar la manera de tocar de João cuando empecé a pensar en baião. Ahí funcionó. Solamente conseguí sentir la relación del bordón, las cuerdas agudas, quiero decir, la relación del dedo pulgar y los tres del medio en los agudos, cuando empecé a pensar en el baião. Hoy entiendo que es un poco eso realmente, porque João era de por allá arriba, de Juazeiro, y realmente hay algo de baião en aquel toque.

En los años venideros, Gil comenzó a componer sus primeras canciones en guitarra, todavía muy influenciado por la bossa nova. En 1962, creó algunos jingles para propagandas y tuvo sus primeras participaciones en televisión. Ese mismo año se grabó, por primera vez, una canción de su autoría, "Bem devagar". La grabó el conjunto vocal As Três Baianas (que posteriormente se transformaría en el Quarteto em Cy). La canción fue lanzada en un compacto de 78 rotaciones, fabricado con cera de carnauba y Gil participó de la grabación tocando acordeón.

Paralelamente, Gil entró a la universidad a estudiar administración. Fueron años de efervescencia cultural en torno a la Universidad de Bahía, alimentada en gran medida por la iniciativa del rector Edgard Santos, quien invitó a impartir clases a importantes nombres nacionales y extranjeros, como Walter Smetak y Hans-Joachim Koellreutter. Además de Lina Bo Bardi, que fue llamada para proyectar el Museo de Arte Moderno de Bahía.

Estando los edificios de las facultades repartidos por la ciudad, Gil no conocía todavía a sus contemporáneos que, estudiando otras carreras, también daban sus primeros pasos en la creación musical. Como Caetano Veloso, que era estudiante de la Facultad de Filosofía. Ellos solo se conocieron en 1964, cuando fueron presentados por el productor Roberto Santana [2007]:

En 1964, cuando se inauguró el Teatro Vila Velha, el director de la Compañía Teatro dos Novos, João Augusto Azevedo, decidió organizar una semana de arte, en general, aprovechando todo lo que estaba pasando en la Universidad de Bahía, donde en aquella época se discutía sobre arte en un nivel muy elevado. Entonces, le pidió a Roberto Santana que reuniera a todos los que estaban haciendo música popular. Fue así como conocí a Maria Bethânia y Caetano Veloso. Cuando empezamos a hablar de música, ellos dijeron: "Ah, nosotros te conocemos de la tele, tú tocas bastante bossa nova, ¿no?". Yo respondí: "Sí, me gusta, aprendí a tocar bossa nova por João Gilberto". Y ahí Caetano: "João Gilberto, ¡ay! Adoro João Gilberto". Y paf, fue una conexión. Se dio aquel clima mágico, increíble. Más tarde, en julio del 64, con la inauguración del *teatro, presentamos un espectáculo llamado* Nosotros, *por ejemplo. El nombre lo puso Caetano. Fue un show donde él planificó todo.*

Ese fue mi primer encuentro con la producción artística, con aquella interfaz teatro-música. En ese primer grupo, que contaba con Caetano, Bethânia, Gal y Tom Zé, participé no solo como músico y compositor, sino también ayudando a crear el concepto de las presentaciones. Me encargaba también de las cuestiones escénicas, que era todo un mundo hasta entonces desconocido para mí: iluminación, escenario, escenografía, vestuario. Los primeros contactos con esas otras dimensiones y aspectos de la producción artística se dieron en Salvador, a partir de la formación de ese grupo. Ahí surgieron esos primeros contactos: la selección de los temas, del repertorio, la composición de canciones. Roberto Santana, que era del mundo del teatro, se encargó de la dirección.

Caetano también estaba relacionado con el mundo del teatro en aquella época, incluso ya había trabajado en un proyecto de música para teatro con Álvaro Guimarães, y era mucho más comprometido con eso que yo. Estaba João Augusto, Roberto Santana, Caetano. Bethânia también ya se interesaba mucho por toda esa dimensión de la dramaturgia en la música. Todos esos ingredientes estaban presentes en aquella primera producción, que fue Nosotros, *por ejemplo. Enseguida, vinieron otros shows, como el* Vieja Bossa Nova, Nova Bossa Vieja, *que nos presentaron nuevos desafíos escenográficos, musicales, prácticos, etc. Fue todo como una preparación. Durante aquel periodo –1964 a 1965, más o menos– establecí el primer contacto con el universo de la producción musical. Era un proceso colectivo, todo el mundo lo vivenciaba según sus afinidades. Yo, por ejemplo, me restringía más a cuestiones propiamente musicales, pero no dejaba de impresionarme con todas aquellas otras dimensiones de la realización de un espectáculo.*

A inicios de 1965, Gil fue contratado por la multinacional Gessy-Lever, trabajo que lo obligó a trasladarse a São Paulo. Descubrió el ambiente cultural de la gran metrópoli y comenzó a profesionalizarse como músico, tocando los sábados por la noche en el Bar Bossinha. En esa época conoció al dramaturgo Augusto Boal, creador del teatro del oprimido y director del Teatro de Arena, que montó con el grupo bahiano el espectáculo *Arena Canta Bahía*. En aquella época conoció también a Chico Buarque [2007]:

En enero de 1965, fui a São Paulo a hacer la prueba para la Gessy. Cuando salí de Bahía para hacer la prueba, alguien me dio la dirección de Telma Soares, que era cantante y ya pertenecía al ambiente de la música. Entonces, en São Paulo, la fui a ver y una de esas noches fuimos a parar al João Sebastião Bar, de Paulo Cotrim. Era el cumpleaños de alguien y había mucha gente. Esa noche conocí a Chico. Cantamos, improvisamos un poco. Telma mencionó que yo cantaba en Bahía, entonces canté una canción y Chico cantó otra.

Nos hicimos amigos luego, en cosa de uno o dos meses. A finales de febrero, Chico hizo un viaje a Bahía con sus compañeros de Arquitectura, el grupo de primer año de su facultad, y nos encontramos por casualidad en Salvador. Yo estaba saliendo del trabajo en la Aduana a medianoche… Fui funcionario público, fiscal del Ministerio de Hacienda, entré al concurso público en 1960, fui nombrado en 1962 y trabajé ahí hasta que decidí irme a vivir a São Paulo. En fin, esa noche, saliendo de la Aduana, encontré a Chico en la plaza principal, en el Elevador Lacerda, con el grupo de colegas de la universidad, haciendo una vaquita para comprar cachaza. Yo estaba pasando por ahí, de terno y corbata, y vi a aquella

patota, escuché una guitarra y aquel sonido me pareció
familiar, fui hasta allá y era Chico Buarque.

En São Paulo, la carrera musical de Gilberto Gil comenzó a despegar. Ya tenía algunas canciones conocidas en su repertorio, como "Roda" y "Procissão", que serían lanzadas en octubre de ese año en un vinilo de siete pulgadas por la RCA-Victor. En 1966, empezó a componer con Capinam y Torquato Neto, con quien escribió "Louvação", que se volvería un éxito en la grabación de Elis Regina para el disco en vivo *Dois na bossa*, de ella y Jair Rodrigues. Gil se hizo amigo de Elis y empezó a frecuentar el programa de televisión *O fino da bossa*, que ella presentaba junto a Jair. El trabajo conjunto con Elis fue de gran importancia para Gil en aquella época. Su canción "Ensaio geral", cantada por Elis, quedó en el quinto lugar en el Segundo Festival de Música Popular Brasileña de la TV Record.

En 1967, Gil se separó de Belina Aguiar, profesora de literatura, con quien mantenía una relación desde 1962 y de la cual nacieron sus hijas Nara y Marília. A ella dedicaría posteriormente la canción "Amor até o fim".

Se mudó entonces a Río de Janeiro, donde grabó su primer disco con el productor Guilherme Araújo, luego de firmar un contrato con Philips. En Río, se casó con Nana Caymmi, hija de Dorival Caymmi. Su primer disco, titulado *Louvação*, fue lanzado en mayo e incluye, además de la canción homónima, temas como "Lunik 9", "Ensaio geral", "Procissão" y "Roda". Según Gil, el disco todavía era representativo del tipo de música que se estaba haciendo por esos años, incluyendo estilos como tonada nordestina, música de protesta, samba, marcha-rancho y *baião*. El vuelco musical que marcaría su carrera aún no tenía lugar.

De cualquier manera, ya había en él una cierta inquietud. En febrero, Gil viajó a Recife para presentarse en el Teatro Popular del Nordeste. Y en la capital de Pernambuco conoció a un grupo de músicos y artistas que lo llevaron a ver la Banda de Pífanos en Caruaru. En una entrevista para la revista *Bondinho*, en 1972, Gil recordó el impacto que le causó aquel viaje [2007]:

Me quedé por allá un mes y la gente de Recife era muy de la onda de la cultura popular. En aquella época eso era una cosa bien importante para los grupos universitarios. Ellos tenían una preocupación por el folclor. Como ellos consideraban que yo era uno de los compositores, uno de los artistas brasileños interesados en aquello, insistie-

*ron en grabar algunas cirandas para mostrarme y me
llevaron a ver la Banda de Pífanos en Caruaru. Yo me
puse a llorar, me emocioné al ver todo eso tan tremendo.
Entonces volví de Recife a Río con la certeza de que algo
debía hacerse en términos de movimiento, en términos
de integración de esas necesidades que yo ya veía que
existían en los jóvenes universitarios brasileños...y donde
Recife era un excelente ejemplo.*

De vuelta al sudeste, Gil intentó crear un movimiento
amplio de la música brasileña, convocando a una asamblea
[2007]:

*Volví de Recife y conversé con Caetano, Torquato,
Capinam y Rogério Duarte sobre estimular en Brasil una
búsqueda más audaz y también más provocadora. Creía
que teníamos que sacudir las estructuras convenciona-
les. Entonces se me ocurrió convocar a una asamblea
de artistas. Difundimos la noticia por todas partes. En
un principio, convocamos a la gente de Río de Janeiro:
Chico Buarque, Edu Lobo, Sidney Miller, Sérgio Ricardo,
Paulinho da Viola. Pero el entusiasmo con mi forma de
ver las cosas quedó restringido solo a los más cercanos:*

Efectivamente, los ánimos estaban cada vez más agitados en torno a la música popular de la época, lo que dificultaba el entendimiento. Una prueba de ello fue la marcha contra la guitarra eléctrica organizada por Elis Regina el 17 de julio de 1967, en São Paulo. La acompañaron importantes nombres de la MPB de la época, como Geraldo Vandré, Jair Rodrigues, Edu Lobo y MPB4. Si Caetano Veloso y Nara Leão observaban todo el movimiento desde el balcón del Hotel Danúbio, asustados con lo que veían, Gil estaba participando de la marcha. Más por estar enamorado de Elis que por ideología, como confesaría 35 años después [2012]:

> *Caetano no quiso participar porque todo eso iba a tener un resultado negativo; negaba una serie de cosas que a él le interesaba afirmar en aquel momento. En mi caso, salí de ese esquema. No quise verlo de esa forma. Si hubiese colocado como factores de la ecuación esas cuestiones, quitando a Elis, entonces no hubiera ido. Pero hice lo contrario, quité todos esos otros factores de la ecuación y dejé solo a Elis. Determiné mi modo de actuar, pauté mi acto por ella. El asunto era ella. Yo no tenía nada contra la guitarra eléctrica.*

El debate sobre la guitarra eléctrica pasaba, como menciona Gil, por la resistencia de algunos grupos de la MPB a aceptar la inclusión de elementos extranjeros en la cultura brasileña. El blanco principal contra el que esos artistas mostraban su desagrado era la Joven Guardia, integrada por músicos como Roberto y Erasmo Carlos, Vanusa, Wanderléa y Ronnie Von, que presentaban una versión nacional −y en aquella época todavía algo ingenua− del rock que comenzaba a diseminarse a nivel mundial (esos artistas lanzarían discos

Gil y Caetano,

con canciones bastante interesantes en los años siguientes, absorbiendo elementos del rock sicodélico y experimental).

Pero, a mediados de 1967, el rock estaba transformándose y entrando en su mejor época. Artistas como Jimi Hendrix, Syd Barrett, Jim Morrison, Janis Joplin, entre otros, lo llevaron a niveles de experimentación hasta entonces desconocidos. En junio de ese año, los Beatles lanzaron el disco *Sgt. Pepper's Lonely Hearts Club Band*, el cual se transformó en un marco definitivo, incorporando elementos de vanguardia y los sofisticados arreglos de George Martin. Gil no estaba ajeno a todo ese movimiento, como declaró en una conversación de la época con el poeta concreto Augusto de Campos y Torquato Neto [2007]:

> *Fui influenciado por los Beatles y toda la música pop internacional, principalmente por el ejercicio de esa nueva libertad que ellos entregaron a la música popular del mundo entero, lo que es evidente; y por esa falta de compromiso que ellos tenían respecto a lo que se había hecho con anterioridad, incluso respecto de la música clásica, erudita. Los Beatles, de alguna manera, pusieron en liquidación todos los valores sedimentados de la cultura musical internacional anterior. Ellos buscaron*

poner todo al mismo nivel; el primitivismo de los ritmos latinoamericanos o africanos en relación con el gran desarrollo musical de un Beethoven, por ejemplo. O el valor reconocidamente desarrollado de la música renacentista en relación, por ejemplo, con el folclor escocés. Ellos toman todos esos elementos y los colocan sobre una única bandeja, en un único plano de discusión.

En un debate publicado en la revista *Civilização Brasileira* en 1966, Caetano Veloso había propuesto "una vuelta al camino evolutivo de la música brasileña". Un año después, era evidente para Gil la necesidad de una intervención más concreta en la manera de hacer canciones, a través de la incorporación de otros elementos. En la conversación con Augusto y Torquato, declara:

Cuando Caetano habla de "una vuelta al camino evolutivo", yo creo que se debe considerar como tal el hecho de que João Gilberto fue el primero en tener conciencia de la compleja formación de la música brasileña, de que ella ha sido formada por una serie de factores no solo surgidos de la propia cultura brasileña, sino también por otros provenientes de la cultura internacional. João reconoció todas esas cosas y las sintetizó en su trabajo. En "Oba-lá-lá", que ya era un bolero, un beguine, y en "Bim bom" se puede identificar esa posibilidad de que la música brasileña incorpore esa especie de rítmica perseguida por las nuevas generaciones de la música internacional. Ese ya fue el punto de partida de João Gilberto. Y la recuperación se explica porque, después de João Gilberto, surgió una preocupación por volver a aquellas cosas bien nacionales. El samba de los morros. La música de protesta. La "nordestinización" de la música brasileña. La búsqueda desenfrenada de temas relacionados al Nordeste, que terminó, incluso, con el aprovechamiento evidente de la cosa campesina: Geraldo Vandré, por ejemplo. Tuvo lugar una búsqueda bien rígida de las cosas nacidas en nuestro propio territorio. Entonces, la línea evolutiva debía retomarse exactamente en aquel sentido de João Gilberto, en un intento por incorporar todo lo que fuese surgiendo como información nueva dentro de la música popular brasileña, sin ese temor por lo internacional, lo extranjero, lo alienígena.

Esa inquietud convergería en la seminal participación de Caetano Veloso y Gilberto Gil en el Festival de la TV

Record de 1967, cuando presentaron las canciones "Alegria, alegria" (Caetano) y "Domingo no parque" (Gil). Se trata del comienzo de lo que posteriormente sería conocido como Tropicalia, al incorporar elementos del rock, como la guitarra eléctrica, a la música brasileña. En el caso de Gil, a través del revolucionario arreglo del maestro Rogério Duprat, que reunió en la misma canción el birimbao de la capoeira y el rock eléctrico de los Mutantes. Duprat, proveniente de la Música Nova, que renovó la música erudita brasileña al comienzo de esa década, fue una figura fundamental para el desarrollo sonoro de la Tropicalia.

La primera propuesta de Gil era presentarse acompañado por el Quarteto Novo, el grupo de Hermeto Pascoal y Airto Moreira, que empezaba a hacerse conocido en la época. Pero no fue posible, exactamente por la resistencia de algunos músicos a aceptar la inclusión de elementos del rock [2007]:

Yo había sido clasificado para el festival con esa canción, pero todavía tenía que pensar en el montaje del número. Había grabado un demo de voz y guitarra para mandar para el festival, pero tenía que grabar el arreglo y hacerlo con todo. Primero pensé en hacerlo con el Quarteto Novo, que estaban presentando con Edu

Lobo la canción "Disparada". Era un grupo con Hermeto Pascoal, Heraldo do Monte, Theo y Airto Moreira.

Pensé en ese cuarteto para que hicieran conmigo el arreglo de "Domingo no parque" y un día fui a hablar con ellos. Airto y Hermeto estaban en el Canja, que es un instituto de música que había en São Paulo creado por los hermanos Godoy, del Zimbo Trio. Fui a hablar con ellos y les dije que quería que participasen conmigo en la presentación, solo que con algunos elementos nuevos, porque yo estaba con los Beatles en la cabeza, ¿no?

Entonces, cuando llegué donde ellos, hablé con Airto, que era el líder del grupo, y le dije que quería darle un abordaje contemporáneo, pensando en los arreglos de George Martin. Y Airto fue muy claro, muy enfático en el sentido de decir que no quería participar de ninguna experimentación de ese tipo. El estilo de ellos era de un sonido brasileño, nordestino, con viola. Era un sonido "aviolado". Me decepcioné un poco, porque me gustaban mucho, tenía muchas ganas de grabar con ellos. Ellos eran lo más nuevo que había en cuanto a música popular, era un grupo con cuatro cracks.

Entonces, tuve que buscar otro grupo para que me acompañara y, en ese intertanto, le comenté a Rogério

Duarte que quería una cosa más beatlemanía, con esos elementos que me fascinaban en ese momento y él me dijo: "Ah, hay un grupo que trabaja conmigo allá en la TV Bandeirantes, en el programa de Ronnie Von, y que sería perfecto para eso. Voy a hablar con ellos. Si ellos quieren, va a ser estupendo".

Para la música brasileña, el rechazo inicial resultó ser una fortuna: el encuentro de Gil con Duprat y los Mutantes fue seminal para todo lo que vendría. Allí había realmente una convergencia de intenciones. Según Gil [2007],

en relación con la música erudita, Rogério tiene una posición muy parecida a la que nosotros tenemos con la música popular. Una posición de insatisfacción ante los valores ya impuestos. Él quiere que la música erudita se desarrolle, no que quede sujeta a una intención acadé- mica. Creo que, precisamente, por esa coincidencia de propósitos el acercamiento era inevitable. Por ejemplo, quien se interese por saber cómo se hizo el arreglo para "Domingo no parque", tendrá que saber que se procesó en ese nivel de aproximación, de programación conjunta, por parte de ambos. Le mostré la canción a Rogério y las ideas que ya tenía, él las enriqueció con los datos técnicos en los que él se maneja y yo no: la orquestación, el conocimiento de la instrumentación. La deconstrucción del arreglo, la determinación de qué climas funcionarían en determinadas secciones, qué tipos de instrumentos y qué tipos de emoción. Todas esas cosas fueron planificadas de manera conjunta, por mí y por Rogério. Incluso, el arreglo se realizó gradualmente. Nos sentamos, durante cuatro o cinco días, en tardes consecutivas, y fuimos discutiendo; formulamos, reformulamos y hasta en el estudio hicimos modificaciones en función de las sonoridades que iban saliendo. Fue un trabajo realmente realizado en conjunto.

Rogério Duprat concuerda [2011]:

La invitación para hacer el arreglo nació del maestro Júlio Medaglia, que era parte del jurado de los festivales de la TV Record y quien había pensado en darle una forma cinematográfica a la canción. Pero ocurre que Gil es una obra de arte en sí, él compone siempre de una manera muy acabada, entonces el arreglo era más que nada para adornar. Como, por cierto, debe ser. El arreglador es alguien que introduce un ornamento, alguien que debe trabajar con arte. En un principio pensé en trabajar con el concepto de simplicidad e innovación. Con originalidad dentro de la redundancia. En esa línea, tenía que seguir un poco el camino de Radamés Gnattali, al estilo de su introducción de "Aquarela do Brasil".

En todo caso, sumé algo y desvirtué algo. En realidad, fue una conjunción de tres experiencias: la de Gil, un músico bien informado, con condimento bahiano; los Mutantes, el primer grupo de rock importante del país; y yo, que puedo autodefinirme como un guerrillero cultural también. Junté las características de la música electrónica y atonal –estudié con Stockhausen en Alemania en los años sesenta– con la música popular de Gil. Y decidimos enfrentar los inesperados prejuicios de algunos colegas frente a la utilización de instrumentos eléctricos. Las guitarras eléctricas estaban llegando a la MPB. Nombres consagrados como Chico Buarque y Geraldo Vandré oponían resistencia, encontraban que se trataba de un colonialismo cultural. Como yo ya tenía más de treinta años, había entrado al Partido Comunista a los dieciocho, había discutido con muchos estalinistas en mi vida, no tenía más pelotas para debates de ese tipo, simplemente me concentré en mi trabajo.

El hecho era que el trabajo estaba bautizado por el tropicalismo como un todo, gatillado por la invasión bahiana de São Paulo en 1967. De ella, Gilberto Gil era el mejor músico. Entre aquel grupo alucinante, él era el más versátil. Cantaba bien, tocaba bien, pensaba bien. Y también era innovador. Siempre estuvo y está conectado con todo. Está hablando contigo y, al mismo tiempo, está filosofando. Está mirando una mosca y quiere entender el sentido de la trayectoria de su vuelo, todo al mismo tiempo. El permanente cambio es su mérito, incluso porque nunca podemos saber lo que va a hacer el día de mañana. Él pasó por mil tendencias: desde el Fino da Bossa *hasta la experiencia tropicalista.*

Para salir en televisión con bata, con esa tremenda chasca, barba, él y Caetano, se necesitaba coraje y claridad sobre lo que se quería hacer. Era inminente el cambio, ya fuera en las costumbres, en la ropa, en el modo de vivir, en la música. Era necesario saber qué hacer. Y Gil lo sabía, por adelantado.

El elemento performático –que pasaba por la vestimenta, incorporando elementos contraculturales, y por la escenografía– aún era embrionario en el festival de 1967.

Pero las canciones ya tenían mucho de lo que identificaría a la Tropicalia, como el encuentro entre la música pop internacional, la MPB y la experimentación estética, tensionando los límites de la canción. La Tropicalia, al no ser un movimiento cerrado, con un manifiesto y propuestas claramente acabadas, es de difícil definición. Incluso por eso, al ser preguntado sobre cómo prefería caracterizar a aquel momento, Gil declararía: "La Tropicalia era más instigadora, porque daba la idea de lugar. Era una situación ideal. El tropicalismo era más cercano a la teoría. Encontraba difícil entender lo que era".

Sin embargo, incluso sin considerar demasiado la posición de sus exponentes, que buscaban mantener las posibilidades abiertas en torno a sus experimentaciones artísticas, la Tropicalia llamó tempranamente la atención de diversos artistas y pensadores. Uno de los más entusiasmados, y que se esmeraría en hacer una reflexión de primera hora sobre el movimiento, fue el poeta concreto Augusto de Campos. Él comprendió prematuramente que allí había algo nuevo, que no solo superaba las limitaciones del campo musical brasileño de la época, sino que también presentaba una inquietud formal que podría consolidarse en innovaciones estéticas. Bajo el impacto de las presentaciones de Caetano y Gil en el festival, en la época escribió [1975]:

> *Puede decirse que "Alegria, alegria" y "Domingo no parque" representan dos caras complementarias de una misma actitud, de un mismo movimiento. Liberar a la música nacional del "sistema cerrado", impuesto por los prejuicios supuestamente "nacionalistas", que son en realidad solipsistas y aislacionistas; y darle, otra vez, como en los tiempos áureos de la bossa nova, condiciones de libertad para el desarrollo y la experimentación, que son esenciales –incluso en las manifestaciones artísticas de consumo masivo, como es la música popular– para evitar el estancamiento.*
>
> *De la misma forma que la excelente letra de Gilberto Gil para "Domingo no parque", la de Caetano tiene características cinematográficas. Pero, como me acotó Décio Pignatari, mientras la letra de Gil recuerda a los montajes eisensteinianos, con sus acercamientos y sus "fusiones" ("O sorvete é morango – é vermelho / Oi girando a rosa – é vermelha / Oi girando, girando – é vermelha / Oi girando girando – Olha a faca / Olha o sangue na mão – ê José / Juliana no chão – ê José / Outro*

corpo caído – ê José / Seu amigo João – ê José"), *la de Caetano es una letra de "cámara en mano", más a la manera informal y abierta de un Godard, capturando la realidad casual "por entre fotos e nomes".*

La reiterada relación con el cine no es casual ni unívoca: la Tropicalia está marcada por un encuentro de diferentes lenguajes artísticos. Es un movimiento esencialmente transdisciplinario. Entre los nombres que participaban de alguna forma en aquel momento había poetas (Torquato Neto y Capinan), artistas visuales (Hélio Oticica y Rubens Gerchman), dramaturgos (Zé Celso Martinez Corrêa), cineastas (Glauber Rocha y Rogério Sganzerla), diseñadores gráficos (Rogério Duarte) y escritores (José Agrippino de Paula). Además, evidentemente, de los músicos como Gilberto Gil, Caetano Veloso, Tom Zé, Gal Costa, Nara Leão y los Mutantes.

Todos ellos figuras inquietas, que crearon algunas de las más importantes obras de la cultura brasileña del siglo XX. Desde el penetrable *Tropicália*, de Hélio Oiticica, que dio nombre al movimiento, las películas *Terra em transe* (1967), de Glauber, y *O bandido da luz vermelha* (1968), de Rogério Sganzerla, hasta el montaje de la obra de Oswald de Andrade, *O rei da vela*, por el Teatro Oficina de Zé Celso, aquella fue una época repleta de obras primas.

El periodo propiamente tropicalista fue corto e intenso: menos de dos años, entre la presentación en el festival y el exilio de sus dos principales protagonistas. Durante este tiempo, no obstante, la búsqueda de una nueva estética y la provocación serían frenéticas. A principios de 1968, Gil lanzó su segundo disco, con canciones que ya podrían ser llamadas tropicalistas, como la propia "Domingo no parque" y una versión sicodélica de "Procissão", con la participación de los Mutantes. Además de "Marginália II", un casi-manifiesto, escrito en conjunto con Torquato Neto. En la carátula, creada por Rogério Duarte, diseñador gráfico innovador y uno de los pensadores más importantes de la Tropicalia, Gil aparece con uniforme militar sobre un fondo verde y amarillo. Rogério "psicografió" un texto de Gil para la contracarátula del disco.

Yo siempre estuve desnudo. En la Academia de Acordeón Regina, tocando "La cumparsita", estaba desnudo. Yo sabía que estaba desnudo y al lado tenía el camarín lleno de ropa colorida, ropa de astronauta, pirata, guerrillero. Y yo, desde lo más pobre de mi desnudez, quería vestirme con todas ellas. Todas, para no traicionar a mi desnudez. Pero a ellos les gusta el uniforme. Admitirían incluso mi desnudez, mientras después pudieran despellejarme y extender mi piel al medio de la plaza, como si fuese una bandera, un paraguas. Pero no hay paraguas contra el amor, contra los Beatles, contra los Mutantes. No hay paraguas contra Caetano Veloso, Guilherme Araújo, Rogério Duarte, Rogério Duprat, Dirceu, Torquato Neto, Gilberto Gil, contra el cáncer, contra la desnudez. Siempre estuve desnudo. Con el uniforme de la Academia, yo estaba desnudo. Mi desnudez-rayos X traspasaba la mezclilla, las camisas rayadas. E esta vida não está sopa e eu pergunto: com que roupa eu vou pro samba que você me convidou? ¿Qué disfraz me pedirán que use para tolerar mi cuerpo desnudo? Voy a caminar hasta explotar en colores. El negro es la suma de todos los colores. La desnudez es la suma de todas las ropas.

También a principios de ese año, Gil participó del disco colectivo *Tropicália ou panis et circensis*, una especie de álbum-manifiesto del movimiento, con la participación de Caetano, los Mutantes, Gal Costa, Nara Leão, Tom Zé y los compositores Torquato Neto y Capinam, además de los arreglos de Rogério Duprat. En él, Gil canta dos composiciones propias: "Miserere nobis", escrita junto con Capinam; y "Geleia geral", escrita con Torquato Neto. Esta última es un evidente diálogo con la propuesta de Décio Pignatari: "En la jalea general brasileña, alguien tiene que ejercer las funciones de médula y hueso". Según Gil [2007],

> *después de "Domingo no parque" y "Alegria, alegria", había una cierta expectativa. Esas canciones y lo que veníamos haciendo en la televisión representaban algo diferente, y era justamente eso lo que nosotros queríamos. Era necesario profundizar en aquello diferente, hacer más canciones y adoptar más actitudes. En la época, el disco era el medio más natural para hacer eso. Necesitábamos hacer un disco que tuviera lo mínimo para dar la idea de ser una bandera. Y hubo interés, de Guilherme Araújo y la Phillips, que era nuestra discográfica... Todos se animaron, Tom Zé, los Mutantes, Rogério Duprat, Capinam, Torquato... La discográfica, el ejecutivo, los artistas, el público, todos querían. Cuando alguien esboza el nacimiento de algo nuevo, todos se quedan esperando para ver cuál será el siguiente paso.*

Esa presión por una radicalización de las acciones tropicalistas vino acompañada de todos los riesgos de estar viviendo una cada vez más brutal dictadura cívico-militar. En abril de 1968, después de la Marcha de los Cien Mil, que tuvo lugar como una respuesta al asesinato del estudiante Edson Luís en el restorán Calabouço, en Río de Janeiro, Rogério Duarte fue tomado preso y torturado. Su testimonio sobre la experiencia de la tortura quedó registrado en el texto *A grande porta do medo*[6]. En otro hecho, luego de una presentación de la obra *Roda viva*, de Chico Buarque, montada por el Teatro Oficina, con dirección de Zé Celso, el camarín fue invadido y los actores fueron golpeados. La violencia se hacía sentir cada vez más intensamente.

Pero el clima represivo no impidió que tuvieran lugar actos de coraje: en el Festival Internacional de la Canción de aquel año, Gil y Caetano presentaron canciones más radicales en términos sonoros y políticos: "Questão de ordem" y "É proibido proibir". Para acompañarlos, realizaron una inversión en la presentación del año anterior: Gilberto llamó a los Beat Boys, que habían tocado en "Alegria, alegria" y Caetano a los Mutantes. La canción de Gil es interpretada

6. El texto fue escrito en 1968, pero no fue publicado hasta 2003 en el libro *Tropicaos* (Azougue Editorial, Río de Janeiro).

con acoples y distorsiones para acompañar una clara provocación contra el régimen dictatorial, haciendo alusiones a una posible guerrilla "en nombre del amor":

> *"Você vai, eu fico / Você fica, eu vou / Você vai, eu fico / Você fica, eu vou / Daqui por diante / Fica decidido / Quem ficar, vigia / Quem sair, demora / Quem sair, demora / Quanto for preciso / Em nome do amor / Em nome do amor".*
>
> "Tú te vas, yo me quedo / Tú te quedas, yo me voy / Tú te vas, yo me quedo / Tú te quedas, yo me voy / De aquí en adelante / Ya está decidido / Quien se queda, vigila / Quien sale, se demora / Todo lo que sea necesario / En nombre del amor / En nombre del amor".

La canción fue eliminada antes de pasar a la etapa final del festival. La incomprensión del jurado en relación con la provocación de Gil y los abucheos que recibió mientras cantaba hicieron que Caetano interrumpiese su presentación y realizara un discurso que se volvería célebre [2008]:

> *¿Es esta la juventud que dice que quiere tomar el poder? ¡Ustedes tienen el coraje de aplaudir, este año,*

una canción, un tipo de música que el año pasado no se habrían atrevido a aplaudir! ¡Son la misma juventud que va siempre, siempre, a matar mañana al viejo enemigo que murió ayer! Ustedes no están entendiendo nada, nada, nada, absolutamente nada. Hoy no hay Fernando Pessoa. Yo vine a decir aquí que quienes se atrevieron a asumir la propuesta del festival, no con el miedo que el señor Chico de Assis pidió, sino con coraje, quienes tuvieron el coraje de asumir esa propuesta y de hacerla explotar fuimos Gil, y yo. ¡Nadie más! ¡Fuimos Gil y yo!

¡Ustedes están en otra! No son capaces de entender. ¡¿Pero qué juventud es esta?!, ¡¿qué juventud es esta?! Ustedes jamás podrán contener el avance de nadie. Son iguales, ¿saben a quién? Son iguales, ¿saben a quién?, ¿mi micrófono está encendido? Ustedes son iguales, ¿saben a quién? A los que fueron a Roda viva y golpearon a los actores. Ustedes no se diferencian en nada de ellos, no se diferencian en nada. Y hablando de eso, ¡viva Cacilda Becker!, ¡viva Cacilda Becker! Yo me había comprometido a dar ese viva aquí, no tiene nada que ver con ustedes. El problema es el siguiente: ustedes quieren fiscalizar la música brasileña. Maranhão presentó este año una canción con un arreglo de charlestón. ¿Saben qué era?

Fue la canción "Gabriela" del año pasado, que él no tuvo el valor de presentar el año pasado por ser muy norteamericana. Pero yo y Gil ya abrimos el camino. ¿Ustedes qué quieren? Yo vine aquí para finiquitar este asunto.

Le quiero decir al jurado: desclasifíquenme. Yo no tengo nada que ver con esto. Gilberto Gil... Gilberto Gil está conmigo para acabar con el festival y con toda la imbecilidad que reina en Brasil. Para acabar con todo esto de una vez. Nosotros solo entramos al festival para eso, ¿no, Gil? No fingimos. No vinimos a fingir que desconocemos lo que significa el festival, no. Nunca nadie me escuchó hablar así. ¿Entendieron? Yo solo quería decir eso, baby. *¿Saben cómo es la cosa? Nosotros, yo y él, tuvimos el valor de entrar en todas las estructuras y, al mismo tiempo, de salir de todas ellas. ¿Y ustedes? Si ustedes fuesen... Si ustedes, en política, fuesen como son en estética, estamos arruinados. ¡Desclasifíquenme junto con Gil! A los dos, ¡¿entienden?! Y en cuanto a ustedes... El jurado es muy simpático, pero es incompetente. ¡Dios anda suelto!*

Fuera de tono, sin melodía. Fue así, ¿no, miembros del jurado? ¿Le apuntaron? ¿Le pusieron nota a la melodía de Gil? Ustedes están en otra. Gil les hizo explotar la cabeza, ¿no? Y eso es justamente lo que quiero ver que pase. ¡Se acabó!

Gil recuerda el impacto de aquella escena [2007]:

Yo estaba en la platea, viendo la presentación de "Proibido proibir", de Caetano y los Mutantes. Caetano interrumpiendo la presentación, comenzando su discurso y yo subiendo al escenario. Él decía: "Gil está aquí, Gil está conmigo". Y la multitud enojada, lanzando cosas. Recuerdo que un pedazo de escenario me llegó justo en la canilla. Y yo ahí, al medio de todo, viviendo aquel calor de la presentación pública que yo conocía desde los diez años… Tuve miedo. Pero, al mismo tiempo, en ese escenario, al lado de Caetano, dentro de mí tenía una cierta sonrisa irónica, como quien dice: pasó lo que tenía que pasar. Ellos no entendían que nosotros no queríamos sentirnos cómodos, que nuestra propuesta era que un número cada vez mayor de personas pudiera fruir nuevos modos de crear. Yo lo veía así, por eso mi sonrisa. Casi dos años antes, en 1967, aquella asamblea que convocamos en Río ya me había mostrado eso. Gente creadora, personas de la élite intelectual carioca ya había tenido aquella reacción convencional del público contra cualquier cosa que viniera a provocar.

La fuerza e insistencia del movimiento en su propuesta estética y comportamental no impedía que el clima se volviera cada vez más sombrío. En agosto de 1968, otro evento tropicalista quedó marcado por una tragedia. La idea era hacer un espectáculo en el Gafieira Som de Cristal[7], con algunos invitados especiales. Entre ellos, Vicente Celestino, cuya canción "Coração materno" fuera regrabada por Caetano en el disco colectivo, como un gesto de recuperación cultural luego de haber sido marginalizado por ser considerado un cantante cursi, por el sentimentalismo de sus composiciones e interpretaciones. Celestino, con más de setenta años, se alegró con el homenaje, pero se asustó con lo que vio el día del espectáculo. Gil cuenta que

Zé Celso dirigía el espectáculo piloto de lo que serían varios capítulos para la televisión. Era un resumen de la Tropicália, con todos sus elementos. Creo que yo iba a cantar "Geleia geral", no me acuerdo bien. El escenario

7. Casa de espectáculos de São Paulo, ubicada en el barrio de Consolação, muy concurrida en las décadas de 1960 y 1970.

montado por Zé Celso era la Última Cena, con la mesa de los apóstoles y una cesta de frutas tropicales en lugar de los panes. Yo, con bigote, barba de chivo y una chasca grande, era Cristo. Tenía que cantar y presentar el programa en el centro de la mesa, vestido con una capa y una de aquellas ropas tropicalistas típicas. Vicente Celestino, Dircinha Batista y Dalva de Oliveira eran algunos de los invitados.

En la tarde, durante el ensayo, Vicente, que todavía tenía que ensayar con la orquesta, estaba en la platea. Cuando terminé de ensayar, él se levantó y despotricó una cosa del tipo: "Un Cristo negro yo podría aceptarlo, pero plátanos en lugar de panes es una falta de respeto". Un señor mayor, un ídolo, el símbolo de una época, ¿no? Y nuestro invitado... Caetano había grabado "Coração materno". Quedé súper afectado con la reacción de Vicente, como si él acabase de ver un acto irrespetuoso. De nuevo aparecía ese conflicto entre el sueño estético y la realidad de las cosas. Yo no estaba ahí para discutir, y sí por el arte. Siempre me vi con dificultades para ser político. Salí de allí profundamente deprimido, sin ningún ánimo.

Cuando volvíamos a la casa, le dije a Caetano que no quería hacer el programa, que no tenía energía *para subirme al escenario. Él me dijo que mi miedo era inaceptable. Más o menos una hora después, nos llegó la noticia de que Vicente Celestino había muerto de un ataque cardiaco, en el Hotel Normandie. En la noche, hice el espectáculo como si estuviese dopado. Descontando el día en que me tomaron preso, creo que ese fue el día más angustiante de mi vida. Vicente le había dicho a Caetano que no quería hacer el programa y luego murió. Él fue una especie de portavoz de la amenaza general que se cernía sobre nosotros.*

En diciembre de ese año, la amenaza se concretó. El día 13 de ese mes se decretó el Acto Institucional 5 (AI-5), que llevó a la dictadura a su fase más violenta. Dos días después de Navidad, Gil y Caetano fueron detenidos en São Paulo y llevados en un vehículo de la Policía Militar hasta Río de Janeiro. Ahí pasaron una semana presos en celdas individuales. Gil declara no recordar "haber vivido una semana más triste". Desde Río son trasladados a la Villa Militar, donde Gil fue encerrado en una celda un poco más grande, con otros presos políticos. Entre ellos, artistas y escritores como Ferreira Gullar, un todavía adolescente Perfeito Fortuna y Antônio Callado. Caetano fue destinado a un edificio contiguo. Más tarde, fueron llevados al Regimiento de Paracaidistas, en Deodoro, donde Gil fue trasladado nuevamente a una celda individual.

En Deodoro, Gil fue interrogado por los militares y recibió una guitarra del sargento Juarez (de quien, no por nada, nunca olvidó su nombre). Con esa guitarra compuso en su celda algunas canciones, que formarían parte de su siguiente disco, como "Futurível", "Vitrines" y "Cérebro eletrônico". En la prisión, Gil también decidió adoptar la dieta macrobiótica y comenzó a interesarse en las filosofías orientales. Después de dos meses de prisión, el 25 de febrero de 1969, y sin que ninguna acusación fuese formalizada, Caetano y Gil fueron llevados escoltados en un avión de la Fuerza Aérea Brasileña a Salvador, donde los liberaron bajo un régimen de vigilancia.

Permanecieron algunos meses en esa situación, impedidos de trabajar, realizar apariciones públicas o dar entrevistas, hasta que surgió la propuesta de exiliarse. Como narra Gil, la posibilidad se presentó a partir del cuestionamiento del coronel responsable por la custodia de ambos [2007]:

El coronel Luiz Arthur, encargado de custodiarnos, pasó los dos o tres primeros meses simplemente cum-

pliendo las órdenes del Ejército. Después, comenzó a cuestionarlas, porque no se le había entregado ningún documento sobre alguna investigación en marcha, ninguna formalización de culpa, nada que pudiese darle instrumentos legales para la custodia. Entonces, empezó a cuestionar todo eso y se estableció un proceso de distensión gestionado por este coronel.

Fue él quien negoció nuestra salida de Brasil, argumentando exactamente la falta de una investigación formal a partir de algún delito. Entonces, él fue Río y volvió con la siguiente propuesta: el Ejército, en fin, la dictadura, el poder central, barajaba la posibilidad de que saliéramos de Brasil. Nosotros lo cuestionamos, lo evaluamos y acabamos considerando esa posibilidad.

Luego vino el problema de cómo hacerlo viable y, primero, de cómo manifestar, de alguna forma, nuestra situación. Qué hacer, cómo explicárSello a nuestro público. Nosotros queríamos tener, aunque fuera un gesto mínimo, en relación con eso. La situación era negociada, eso estaba claro, entonces negociamos grabar un disco, con la posibilidad de dar algunas entrevistas.

Yo hice un disco, Caetano hizo otro. Todo en Bahía, en Salvador. Rogério Duprat viajó a recoger el material grabado y lo trajo a Río y São Paulo para trabajar con él. También negociamos un show de despedida, que muchos años después se transformó en disco también, el Barra 69. *Dimos algunas entrevistas a medios locales y algo llegó a publicarse en los diarios del sur. Después de eso, salimos de Brasil.*

En la víspera de la salida, grabé "Aquele abraço" en un compacto y resultó ser un éxito tremendo, fue una cosa que explotó. Después la canción fue incluida en el LP.

El tercer disco de Gil, grabado con algunas dificultades, resultó ser uno de los álbumes más interesantes de su carrera, con composiciones que tratan temas de ciencia ficción, viajes espaciales y avances cibernéticos, como fueron las tres canciones compuestas en la prisión. La experimentación formal y el tensionamiento de los patrones tradicionales de la canción pueden apreciarse en la espléndida "Objeto semi-identificado", de Gil y Rogério Duarte, con su letra recitada por ambos compositores y montaje sonoro de Rogério Duprat.

Los dos discos, el de Gil y el de Caetano, de cierta forma consolidan la propuesta musical de la Tropicalia. Con el exilio de sus dos principales referentes, el desarrollo del movimiento fue interrumpido. Según Gil, ese fin forzado acabó siendo fundamental para la importancia que la Tropicalia tendría para la cultura brasileña [2007]:

> La verdad es que la interrupción brusca del tropicalismo es lo que consolidó el punto de inflexión que se quiso hacer en la música y el arte brasileños. Si no hubiese sido reconocido como exceso, o confundido con exceso, no habría sido reconocido como un nuevo uso exuberante de diversos potenciales. Aunque mucho de lo que produjo quedara asentado y se desdoblara en otras cosas, no sería ese hito histórico que es hoy. No provocaría la curiosidad analítica que produce.
>
> El tropicalismo fue un periodo corto en el cual éramos líderes cuestionados. Después se transformó en un culto. El legado del tropicalismo fue que la cultura brasileña consiguió asimilar un experimentalismo posible, intermedio, todavía ajustado al gusto de la industria cultural. Pero nuestro desempeño postropicalismo fue lo que volvió al movimiento un objeto de respeto.

De acuerdo con Gil, la Tropicalia fue importante como un movimiento cultural, más que algo estrictamente musical.

Cincuenta años después, él declararía [2017]:

<blockquote>

Suelo decir, de una manera un poco irresponsable, dándome un derecho un poco casual, que el tropicalismo no fue, en estricto rigor, un movimiento musical, que proponía transformaciones esencialmente musicales, como lo fue la bossa nova. Incluso suelo ir más lejos: eso ocurrió por una deficiencia nuestra, un déficit técnico. Nosotros no teníamos suficiente dominio sobre algunos instrumentos, como Tom Jobim tenía con el piano, como João Gilberto tenía con la guitarra. Nosotros éramos rústicos en ese sentido, éramos músicos principiantes, todavía sin mucho dominio del potencial de ese lenguaje. Por esa y muchas otras razones, suelo decir que el tropicalismo no realizó una revolución propiamente musical, como la bossa nova y la Joven Guardia. La Joven Guardia creó un lenguaje con las guitarras eléctricas, absorbiendo cosas del mundo de la música ligera y del rock, como la bossa nova lo había hecho con el mundo del samba y del jazz.

</blockquote>

En el exilio, Gil pasó rápidamente por Portugal y Francia, para después establecerse en Londres por casi tres años.

Gil en Londres, 1969

Allí se sumergió de cabeza en la contracultura vigente, en los últimos años de la Swinging London, viviendo en casas colectivas, experimentando con alucinógenos y frecuentando espectáculos de los grandes nombres de la música de aquella época. Fue un periodo importante e intenso en su formación musical; cuando él definitivamente se transformó en un músico de alta capacidad técnica. Es el momento en que se esmeró en alcanzar una pulcritud formal, para superar el déficit técnico que podía percibirse en el periodo tropicalista [2007].

> *En Brasil, yo era un compositor y tocaba guitarra incidentalmente. No tuve mucha oportunidad de profundizar en el instrumento. Me asusté al llegar a Inglaterra, con el nivel, la calidad, el acabado de la música que se hacía allá. Mi nivel no se comparaba en nada al que allá encontré. Hoy en día, soy un instrumentista. Y puedo pasar más fácilmente al plano concreto de mis ideas. Eso es una ganancia. Tuve contacto con otros instrumentistas, iba a cuanto festival hubiera, armando mi carpita. Pasé del escenario al público, lo que, de cierta manera, fue fundamental para mi proceso de absorción.*

Otro factor fundamental para esa transformación en la capacidad musical de Gil fue que, en Londres, pudo formar una banda propia y adoptar una postura diferente en las presentaciones [2007].

Comencé a tocar guitarra eléctrica y a considerar la posibilidad de una postura musical de band leader, *que no existía en la estructura de "banquita y guitarra", vigente durante aquel periodo hasta la aparición del tropicalismo. En realidad, todo ello posibilitó la utilización objetiva y concreta de ciertos elementos del pop internacional, que habían sido anhelados, pero no alcanzados, en la fase tropicalista. Más elementos técnicos de canto, de composición, de instrumentación, de acompañamiento, de relación entre la guitarra y la guitarra eléctrica. Básicamente, electrifiqué a la banda y me volví un* band leader. *En Brasil nosotros habíamos trabajado con los Mutantes y con los Beat Boys. A partir de Londres, comenzamos a formar nuestras propias bandas, escogiendo elementos y seleccionando timbres de instrumentos. La ahora cercanía del mundo que antes era apreciado a la distancia también ayudó.*

La primera banda que formé, con Tutty Moreno en la batería y Chris Bonett en el bajo, era un trío. Fue cuando empecé a tocar guitarra eléctrica, luego de grabar el disco en inglés. Con esa banda hacíamos pequeñas giras. Compré una kombi y recuerdo que Morris vino a trabajar con nosotros, y se quedó cerca de un año. Recorríamos todo el interior del país, haciendo shows en lugares como Newcastle. No había brasileños. En Londres había algunos pocos, pero fuera de ahí solo uno que otro. El público inglés, generalmente, se extrañaba, porque en ese momento había un interés casi monolítico por el rock de Inglaterra. Ellos llegaban solo por curiosidad, nunca por interés. Y en casi todas las presentaciones, yo participaba con otras bandas, teloneando los shows de los Moody Blues, por ejemplo, o Rod Stewart & The Faces.

En Londres, teníamos una patota con la que siempre íbamos a tres o cuatro bares, casas nocturnas importantes y seminales del rock, que eran el Marquee Club, el Revolution, el Speakeasy y el Ronnie Scott's, que tenía jazz en la parte de abajo y upstairs rock 'n' roll. Estaban esos clubs y muchos otros, como el Roundhouse y el Lyceum, donde vi el show de vísperas de Navidad de 1969 de Yoko, John Lennon y la Plastic Ono Band.

Salía mucho, me gustaba tocar bongó en las jam
sessions *del Revolution y del Speakeasy. Yo tocaba con
el guitarrista del King Crimson y también con Dave Gil-
mour, de Pink Floyd. Además de Jim Capaldi, de Traffic, y
de Alan White, que era de la Plastic Ono Band. Él trabajó
con Lennon y Yoko antes de irse a Yes. Y era bien amigo,
iba seguido a la casa. Terry Reed, un R&B blanco de la
tradición de Alexis Korner, y John Mayall también. Mi
grupo era ese.*

*La banda y la guitarra eléctrica me dieron otra di-
mensión, otra postura escénica. Tú subes, corres, bailas,
juegas. La composición pasa a servir a esos elementos,
a incorporar esos elementos. Y yo descubrí que soy un
artista de eso, de presentaciones, como esos tipos de
rythm 'n' blues, que toman una viola, una guitarra y se
suben al escenario. Los discos son una obligación. Los
hago porque no hay otra, porque es la única forma de
mantener un público informado a gran escala, a un nivel
masivo. Es lo que realimenta la posibilidad del reencuen-
tro con el público en los shows.*

De las experiencias en Inglaterra, una que sin duda dejó
una marca en Gil fue la participación en el Festival de la isla

de Wight, con Caetano Veloso, Gal Costa y otros músicos y artistas brasileños, además de Nik Turner, saxofonista y flautista de la banda inglesa Hawkwind. Nik cuenta: "Me espanté al descubrir después cuán importantes eran ellos en Brasil. En el verano de 1970, eran apenas figuras exóticas en la escena *underground* de Londres, participaban de los *jams* con Hawkwind y frecuentaban galerías de arte, comunidades hippies y festivales de música. Ellos parecían tan entusiasmados, tan generosos, tan ávidos de tocar con quien quiera que fuese".

La participación en el festival fue improvisada y se dio por iniciativa de Claudio Prado, otro brasileño que estaba viviendo en Londres en aquella época y que seguiría siendo una persona cercana en el futuro, pues más de 30 años después participaría de la elaboración de las políticas de cultura digital del Ministerio de Cultura encabezado por Gil. En 2010, Claudio Prado comentó sobre la experiencia del festival:

El Festival de la isla de Wight fue el más espectacular de todos. Se presentaron grandes nombres de la época: Leonard Cohen, Miles Davis, The Doors, The Who. Fue el último show de Jimi Hendrix. Los festivales eran territorios liberados por tres, cuatro días de autogobier-

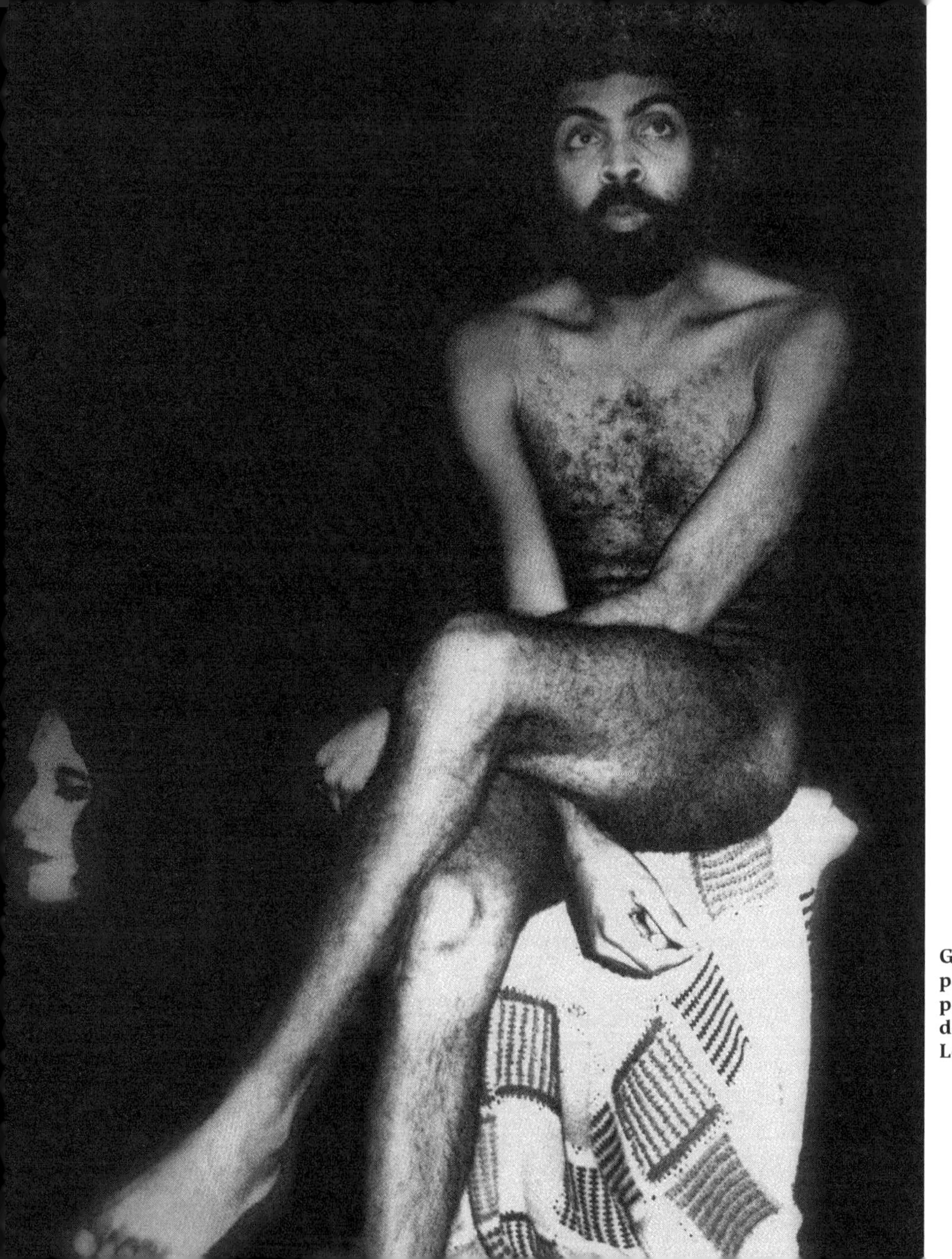

Gil
par
pelí
de J
Lon

no. Era la política del éxtasis. Era un territorio liberado, donde se conquistaba el derecho a estar desnudo, tomar ácido, tener sexo. No había policía ni nada. Era una zona temporalmente autónoma, antes de que Hakim Bey o cualquier otro estableciera el concepto.

En ese festival, estábamos todos nosotros, los brasileños que éramos parte de aquella comunidad artística de Londres: Gilberto Gil, Caetano Veloso, **Antônio Bivar**, Zé Vicente, Gal Costa, los chicos de Bolha, que era la banda que acompañaba a Gal, Rogério Sganzerla, Júlio Bressane. Éramos unas treinta personas. Arnaldo Brandão, que era de Bolha, ha llegó a decir que fue la mejor experiencia de su vida.

Cuando llegamos, fui hasta lo alto del cerro a mirar ese mar de gente. Eran cientos de miles de personas. Me tomé mi Orange Sunshine, que era el ácido californiano, de fina estirpe. Un ácido ideológico, nada comercial. Y en medio del viaje, me surgió la certeza de que tenía que bajar del cerro, agarrar a mi patota y llevarla hasta el escenario del festival. Ellos tenían que tocar.

Volví al sector de carpas donde nos íbamos a instalar, y todos se estaban juntando para tocar un poco de manera improvisada. Tomé una grabadora cassette –tecnología *de punta para la época– y me puse a grabar. Tocaron como una hora: Gil, Caetano, Gal, todos. Obviamente, grabé lo que quería mostrarles a los organizadores del festival para convencerlos de que nos dejaran realizar una presentación. Terminé de grabar, me puse la grabadora debajo del brazo, no le avisé a nadie, y fui caminando al escenario, en sunga.*

Llegué al último portón, donde me di cuenta de que no iba a poder pasar. Ahí, del otro lado de la reja, estaba Jimi Hendrix. Entonces, me quedé parado mirando a la gente y de repente apareció un tipo, y le dije: "Ey, mira. Tú que vas entrando ahí, por favor, llévale esta grabadora a ese tipo y haz que la escuche". Ese tipo era el presentador.

El otro tipo volvió y me hizo entrar. En segundos estaba en el escenario, conversando con el presentador y marcando para tocar al día siguiente. No podría reproducir esa conversación, no me acuerdo muy bien cómo fue. Pero recuerdo que argumenté que eran músicos brasileños, exiliados políticos, y que una presentación de ellos sería un acto importante contra la dictadura. Él me preguntó: ¿Cuántos son?". Y yo: "Unos treinta". "¡¿Estás loco?!". Me dio un papel en el que autorizaba entrar con 15. Luego descubrí que había dos puertas, entonces pude hacer entrar a los treinta. 15 por una puerta, 15 por otra, con el mismo papel.

Una amiga nuestra, una escultora belga, había llevado un ropaje, una especie de plástico rojo, arrugado. Dentro cabían unas 12 o 13 personas, solo con el rostro descubierto. Era como un animal andante. Decidí llevar esa ropa al escenario. Solo que me puse de acuerdo con las personas que la usarían para que estuvieran desnudas dentro y, en un determinado momento, todas deberían salir y bailar desnudas sobre el escenario. Todo se fue dando, no hubo ninguna planificación. Fue una locura total.

El show fue con Gil en la guitarra, Caetano, Gal. Un amigo nuestro, inglés, que tenía una banda totalmente loca, la Hawkwind, Nik Turner, tocó flauta pintado entero de plateado. Péricles Cavalcanti también estaba: él era parte de la corte de Caetano. Caetano tenía un grupito, una especie de corte, era gracioso. Gil cantó sus cosas, Caetano cantó las de él, cantaron cosas de los Beatles. Fue una cosa acústica, extremadamente bonita, porque era Gil, Caetano, en un momento de explosión. Puse la bandera brasileña en la parte de adelante del escenario, me posicioné pisándola e hice un discurso político vestido solo con mi sunga roja.

En 1972, Gil y Sandra Gadelha, con quien se había casado en 1969, y su hijo Pedro, nacido en el exilio, volvieron a Brasil, trayendo en el equipaje un disco grabado en inglés, además de la banda sonora de la película *Copacabana mon amour*, de Rogério Sganzerla. De vuelta en el país, comenzó a trabajar en la grabación de *Expresso 2222*, uno de sus discos más importantes, con un lenguaje musical ya más trabajado. En una entrevista sobre su vuelta, declaró [2007]:

> *Yo realmente creo que ahora hago una música más madura, impregnada de un número más amplio de factores y con un acabado final mucho más bonito. Hoy tengo una capacidad mucho mayor de dar esa finalización. Tiré muchas cosas al tarro de la basura durante mis experiencias en Inglaterra. Creo que 80% de lo que hacía se fue a la basura. Antes eso nunca había pasado porque la demanda superaba la capacidad de producción. Era un clima de feria.*

El disco, con producción de Roberto Menescal, se vio favorecido por la compenetración de la banda de apoyo, formada por excelentes músicos que ya habían tocado con Gil antes: el tecladista Antonio Perna participó de algunos espectáculos con Gil en Bahía, ya en los años sesenta; el baterista Tutty Moreno y el bajista Bruce Henry habían tocado con Gil en Londres y el guitarrista Lanny Gordin era parte del grupo tropicalista, habiendo participado de los arreglos finales del tercer disco de Gil, junto con Rogério Duprat. Como músico experimentado, educado por las noches en que tocaba en la banda del club nocturno de su padre, el Stardust, Lanny reemplazaba algunas veces al inglés Bruce en el bajo, cuando este no lograba reproducir el ritmo del samba.

La mayoría de las canciones inéditas Gil las compuso en su temporada europea, como la canción que da nombre al disco "Oriente" y "O sonho acabou". "Back in Bahia", por su parte, fue escrita cuando llegó a Salvador, a partir de su reflexión sobre la experiencia del exilio: *"Hoje eu me sinto como se ter ido fosse necessário para voltar"* ["Hoy siento como si haber ido hubiese sido necesario para volver"]. El disco incluye también dos canciones grabadas originalmente por Jackson do Pandeiro: "Chiclete com banana" y "O canto da Ema".

Luego del lanzamiento, Gil y su banda comenzaron una gira por Brasil. Los años venideros estarían marcados por constantes giras por el país y la edición de algunos discos en vivo, solos o colectivos, como *Temporada de verão* (grabado en el Teatro Vila Velha en 1974, con Caetano y Gal) y *Gil ao vivo* (1975, con canciones como "Lugar comum" y "Abra o olho"). En 1973, durante la presentación en el show colectivo *Phono 73*, la censura les desconectó el micrófono a Gil y Chico Buarque en medio de la presentación de "Cálice", compuesta por ambos especialmente para esa ocasión. La canción, con su juego de palabras en el refrán ("*cálice/ cale-se*" – "cáliz/cállese"), sería prohibida por varios años, siendo liberada solo en 1978.

Entre 1973 y 1974, Gil comenzó a grabar un nuevo disco de estudio, el álbum doble *Cidade de Salvador*. El disco solo sería lanzado integralmente en 1999, pero en la época se lanzaron algunas canciones en compacto, quedando en evidencia la gran calidad del material, como "Meio de campo", "Eu só quero um xodó" (con Dominguinhos), "Eu preciso aprender a só ser" y "Maracatu atômico" (de Jorge Mautner y Nelson Jacobina).

En 1975, Gil grabó con Jorge Ben el álbum doble *Ogum Xangô* y el primer LP de lo que sería conocida como la "trilogía Re", Refazenda. El LP fue lanzado en una gran gira, que pasó por más de cien ciudades brasileñas. La revista *Pop* publicó en la época un bello reportaje sobre la creación del disco [1975]:

Gilberto Gil estaba en Bahía, después de un viaje por varias capitales y ciudades del interior. Una noche, se le presentó en un sueño la palabra refazenda y la imagen un poco confusa de una hacienda enclavada en algún lugar de un valle, con vacas, gallinas, árboles y, al mismo tiempo, rodeada de un aparataje tecnológico propio de las grandes ciudades. "Era un lugar de todos los hombres y, a su vez, de soledad total. Analizándolo, después entendí todo aquello como la síntesis de la simplicidad y también como una gran necesidad existencial que dominaba mis pensamientos. Entonces, decidí explorar la palabra refazenda al máximo, pues la encuentro muy bonita".

De la disección de la palabra, como forma, y del concepto refazenda, resulta el nuevo LP (recién lanzado). Toda la dirección de este nuevo trabajo es de Gil: "Es un LP muy sencillo, quieto, tranquilo. Todas las canciones son presentadas con mucha cautela, sin improvisaciones y sin las intervenciones vocales, hasta cierto punto absurdas, que a veces me permito hacer. Nunca saqué provecho de la ocasión. Soy discípulo directo de Luiz Gonzaga y Dorival Caymmi. Pero, por otro lado, ya incursioné por diversas experimentaciones, dodecafonismos, ya usé todos los osciladores, ya fui cantor popular y también Jimi Hendrix".

Pero, como idea, ¿qué significa el nuevo trabajo de Gil? ¿Qué es Refazenda? "Refazenda *es, para mí, como un premio conceptual a todo lo que ya hice, fui y seré. Mi intención es acentuar esta abertura total, buscar dar más color al verde de los bosques, hacer que todo renazca: que las flores vuelvan a los campos y, si es en la ciudad, que sea refazenda. En definitiva, refazenda es todo lo que yo desee vivir,* fazendar, reversar".

Por otro lado, refazenda es también una incitación oportuna que sugiere una vuelta a la simplicidad, a la naturaleza, una nueva propuesta de equilibrio ecológico. En la explicación del concepto, por escrito, Gil dice: "Tela tejida con espigas de maíz, maíz oro, maíz sol [...]. Esperanza transmutada en verde de verdad, verdes notas mágicas, el encanto de la hacienda nueva. Reencantamiento. El árbol de la trinidad: palta, tomate, papaya. Árbol milagroso: un fruto diferente en cada estación. [...] Refazenda sigue siendo la voluntad de Dios para cada estación".

Gran parte de esa idea nació del propio trabajo de Gil, un incansable trabajo de intercambio de contenidos al que él le quiere dar continuidad: "Quiero salir por ahí a conocer las ciudades del interior, llevando presentaciones hasta las personas que tienen mucha más carencia de un mundo de sueños y fantasías, como un show de Gilberto Gil o cualquier otro artista. Una gira de esas es mucho más densa que el circuito Río-São Paulo. Alguien tiene que hacer ese trabajo de 'interiorizar' el arte. Por lo demás, desde que volví de Inglaterra me he dedicado a eso".

Y Refazenda "también debe estar en la ciudad". O bien, en la cabeza de cada uno, aunque eso lleve al misticismo. "Yo me considero un místico por excelencia. Ya pasé por todas las sectas en busca del conocimiento, de un mejor entendimiento entre materia y espíritu, cielo y tierra: candomblé, budismo zen, yoga, etc. Cada nueva fase es una prisión voluntaria a la cual me sometí buscando la libertad, ¿se entiende? Refazenda comienza en un valle y termina en los límites de la mente…".

En 1976, Gil se juntó con Caetano, Gal, Maria Bethânia y formaron Os Doces Bárbaros, una especie de celebración del grupo bahiano. Comenzaron en junio una gira por diversas ciudades brasileñas que quedó registrada en un documental dirigido por Tob Azulay y en un disco doble, grabado en vivo en el Canecão[8], en Río de Janeiro. Sin embargo, la gira

8. (1967-2010). Casa de espectáculos ubicada en el barrio de Botafogo. Albergó varios shows importantes que tuvieron lugar en las décadas de 1970 y 1980.

fue interrumpida por una acción violenta de la policía. El 7 de julio, después de la presentación en Santa Catarina, Gil y el baterista Chiquinho Azevedo fueron tomados detenidos por porte de marihuana. En una declaración de la época para Nelson Motta, Caetano contó sobre la gira y la detención [1980]:

> *Cuando íbamos en camino al aeropuerto Galeão, el auto de Elizeth Cardoso se colocó al lado del nuestro y ella nos sonrió desde dentro, saludando. Partimos a ese viaje bendecidos. No siempre sucede que tantas energías logren armonizar, casi como una luz. No es habitual. Y lo que Gilberto Gil, Maria Bethânia, Gal Costa y yo estamos consiguiendo ahora es eso. Vamos por ahí sin ninguna intención de crear o resolver problemas o caer en provocaciones. Bob Marley: "Don't deal with dark things" ("no te metas con cosas oscuras"), João Donato y Jorge Ben. Gente de fe reconquistada. Mostramos con simplicidad la música y la poesía de la vida, de lo que se vive, de lo que se está viviendo. Los orixás, las personas buenas, bonitas y fuertes, los peces, y la esperanza. Dentro de nuestras posibilidades inmediatas, nuestro trabajo es bueno. Es lo que nos basta. Y al resto, el resto.*

Bárbaros:
Bethânia,
y Gil, 1976

Por ejemplo, Florianópolis (nombre que le dieron a la ciudad del destierro) no debería haber estado en la lista de paradas de la gira, porque la producción consideraba que no iba a salir a cuenta (son 180 mil habitantes). La ciudad entró en la lista por insistencia mía y de Gil. Gal no quería y Bethânia tuvo casi un presentimiento de que nuestra ida no traería cosas buenas. Cuando los policías interrumpieron nuestro sueño y nuestra alegría, yo le dije a Gal: "Parece que haber venido a Florianópolis fue un gesto demasiado libre y eso molestó al delegado". De hecho, conocidos míos de allá mi dijeron: "No creí que ustedes fuesen a venir hasta que los vi aquí". Uno llegó a preguntarme: "¿Por qué incluyeron Florianópolis en la gira?". "Por amor", respondí.

La policía entró a la habitación de Gal Costa, Maria Bethânia, Lea Millon, Eunice Oliveira, Maria Pia de Araújo, Guilherme Araújo, Chiquinho Azevedo, Djalma Corrêa, Arnaldo Brandão, Perinho Santana, Caetano Veloso, Gilberto Gil, Tuzé de Abreu, Mauro Senise, Tomás Improta, Daniel e, incluso, en la de los técnicos de sonido, luz y escenario, argumentando haber recibido una denuncia de Curitiba. ¿Contra quién? Contra todos esos nombres. Ellos consiguieron llevarse a Gil y Chi-

quinho. Nosotros no queremos discutir leyes ni moral. Ni religión, ni política, ni estética. No queremos discutir y no discutiremos. Nosotros vamos por ahí con una inmensa carga de luz de vida, con amor en el corazón. Es muy difícil que alguien llegue a decir esto, pero yo digo que nosotros somos un grupo de personas que salió por ahí trabajando por el Bien. Y quien quiera –en la policía, la prensa, en el infierno– atacarnos o dificultar nuestro trabajo, estará trabajando para el Mal.

Gil y Chiquinho fueron llevados a un instituto siquiátrico cerca de Florianópolis, donde permanecieron por dos semanas, hasta que los liberaron y trasladaron a Río, donde fueron obligados a someterse a un tratamiento ambulatorio en el Sanatorio Botafogo. Frente a la postura de policía, de querer utilizarlos como ejemplo en el combate al uso y al supuesto vicio en drogas, Gil asumió la valiente posición de mantenerse firme en su postura ideológica por la legalización del uso de la marihuana. João Santana, un periodista bahiano entonces conocido como Patinhas (y que después se haría famoso como un proselitista político del Partido de los Trabajadores, responsable por campañas presidenciales), realizó en la época un largo reportaje sobre la prisión de Gil, *El humo no es ni Dios ni el Diablo*. En una entrevista contenida en él, Gil declaró [2007]:

La verdad es que después de que probé la marihuana, pasé a usarla y ella me otorgó posibilidades, digamos, de darle forma a ciertas inquietudes que tenía dentro de mí, en mi personalidad. Tuve la oportunidad de enfrentar el miedo al mundo y el miedo a la vida. O sea, se volvió mi aliada, como dice Carlos Castañeda. Es decir, me dio condiciones para ver mejor ciertas cosas, para posicionarme mejor frente a la complejidad del mundo de hoy. Entonces, no puedo mentir, no tiene sentido que empiece a decir, por los niños o por no sé qué, que es un mal y qué sé yo.

Yo sé, por ejemplo, que el tema de la droga tiene ese carácter más cuidadoso, más peligroso, porque son cosas que inciden directamente en el centro generador de ideas, en el centro generador del destino de la humanidad. La forma con la que la humanidad se orienta es la mente, la mente es el centro de todo. Entonces, puede ser que se dé mucho más cuidado a los efectos de la droga en ella que a los efectos del mango en la sangre.

Ahora, también es una cuestión de valor. Por ejemplo, yo que estudié macrobiótica y aprendí que el cuerpo es

A diferencia de la primera vez que fue detenido, en 1968, Gil estaba atento y fuerte, preparado para enfrentar la situación con la cabeza erguida. Años después, declararía: "La prisión fue traumática, pero mi actitud de decir la verdad se volvió una cosa pedagógica y hoy forma parte de la historia de la MPB".

Cuando pudo salir, el médico que lo atendió en la clínica carioca le recetó laborterapia. No podría haber sido mejor: retomó la gira de *Refazenda*, que pasó por prácticamente todo Brasil. Y a comienzos de 1977, viajó con Caetano Veloso a Lagos, en Nigeria, para participar del Segundo Festival de Arte y Cultura Negra. Este contacto con la cultura africana representaría una experiencia transformadora que se desdoblaría en el siguiente disco, *Refavela*, el segundo de la trilogía Re.

A la vuelta del festival, Gil dio una larga entrevista para el diario Invasão, donde contó lo que pudo ver en el festival, con presentaciones de artistas y grupos de diversos países africanos, como Angola, Mozambique, Congo y Costa de Marfil. En ella relató el impacto que le produjo la absurda desproporción entre la pobreza económica y la riqueza cultural [2007]:

> *Una de las motivaciones para ir al festival en Nigeria era el poder ver toda aquella cosa étnica, que era muy interesante para nosotros. Era el observar a África como humanidad, ¿no? Observar cómo la persona existe allí, como raza, como búsqueda del ser. Observar aquello que, en mi música, podría llamarse religiosidad, a partir de la negritud, que para ellos es algo que no es considerado en ese nivel. Quiero decir que lo que nosotros llamamos religiosidad africana, para ellos es vida. El candomblé, el ritualismo de las tribus y el carácter místico de la vida tribal son cosas del día a día para ellos.*
>
> *Para mí, la experiencia fue, como Juscelino[9] decía, de cincuenta años en cinco. Ese festival para Nigeria*

9. En referencia al presidente (1956-1961) Juscelino Kubitschek (1902-1976), cuyo plan de desarrollo era presentado bajo el lema de "50 años en cinco".

fue como diez años en un mes. El festival tenía para ellos como heráldica, como un significado definido; era esfuerzo, en el sentido de organizar para operar, y eso realmente era admirable, bonito de ver.

También para ellos todo fue muy importante. Fue importante para que lo pudieran documentar, por todos los medios, prensa, televisión… para que pudieran saber cómo África se refleja en Brasil, en Estados Unidos, en América Latina. Cómo se habla de la cultura africana fuera de África.

Y África es una gran fuente. El arte moderno apareció ahí. En la pintura moderna, tú puedes ver que todo está en África. Picasso no tiene nada, nada, nada, nada de nuevo, solo copió integralmente todo lo que ya se hizo allá. La música moderna está toda allá en África, el teatro moderno, la expresión escénica moderna, la expresión corporal. Entonces, es eso, una gran fuente.

Hasta esclarecerlo… cuesta mucho tiempo. Está allá, joven. Tú ves que el alma es joven, ingenua, infantil. La vitalidad…

El disco *Refavela* registra el impacto de esa experiencia africana, además del importante momento de rescate de la

**Dominguinhos, Luiz Gonzaga y Gilberto Gil,
década de 1980**

cultura negra en Brasil. Resuenan en él los instrumentos, ritmos y timbres africanos, pero también los de los *afoxés*[10] del Ilê Aiyê y otras comparsas que comenzaban a fortalecerse en Salvador de Bahía, los sonidos del movimiento Black Rio que sacudía a la cultura carioca, la conciencia política y social del Movimiento Negro Unido (MNU). Con el tiempo, especialmente en los últimos años, *Refavela* ha sido repensado como uno de los puntos altos de la obra, no solo de Gil, sino que de toda la MPB. En una entrevista para Ana Maria Bahiana, en la época del lanzamiento, Gil definió así su mirada sobre el disco [2007]:

> *Quedó muy volcado al concepto de refavela realmente, esa cosa del arte de los trópicos, de las comunidades negras que ha contribuido a la formación de nuevas etnias y nuevas culturas en el Nuevo Mundo, Brasil, el Caribe, Nigeria, Estados Unidos… Todas esas cosas, esas culturas emergentes como una presencia fuerte de lo negro.*

10. Cortejos o lugares donde estos tienen lugar, generalmente ligados a un *terreiro* (sitio donde se practica el culto a las divinidades u *orixás* del candomblé), y que tienen su raíz en los pueblos iorubá de África occidental que llegaron a Brasil. Desfilan durante los carnavales y sus integrantes interpretan el ritmo, del mismo nombre, con diferentes instrumentos de percusión. También se les conoce como *candomblé de rua* (candomblé callejero).

El disco quedó, yo diría, entre 60% y 70% orientado en el sentido de manifestar la visión de ese universo.

El disco lo pensé con una ideología explícita, básica, que es la mía, ese aspecto confesional de mi estado existencial, algo que parece que ya se manifiesta desde el Expresso 2222. En todos mis discos más o menos recientes, hay algo que puede reconocerse… De hecho, las personas de la prensa vienen queriendo reivindicar el disco como algo más ideológico, pero yo no lo consideraría tan ideológico, sino que más temático, que es esa cosa black*, * black *joven,* Black Rio…

El disco tiene un tono de reportaje de la situación de las poblaciones negras en las ciudades. Está "Ilê Ayê", que es justamente la canción de una agrupación negra de Bahía… "Somos criolo doido / somos bem legal / temos cabelo duro / somos black pau…". Eso sí tiene un tono ideológico. Pero lo que yo quisiera evitar… quisiera esclarecer que no es necesariamente intencional en mi trabajo, en la selección de mi repertorio y todo lo demás, esa política en el sentido de una política de negros contra blancos o cualquier cosa así.

Es algo que yo estaba escribiendo para mí, para las comunidades negras. El continente africano, específi-

Aunque el disco haya sido primoroso en términos de composición y arreglos, Gil siempre se resintió por el resultado final, especialmente en relación con la mezcla. El aspecto técnico se transformó en una preocupación cada vez más constante en su producción artística, lo que se acentuó luego de grabar el álbum *Nightingale* en el exterior. La propuesta del disco nació después de la brillante presentación de Gil en el Festival de Montreux, Suiza, en 1978, acompañado de la banda A Cor do Som, además del guitarrista Pepeu Gomes y del percusionista Djalma Corrêa. La repercusión del show hizo que surgiese el interés de Gil por lanzar una carrera internacional.

Con ese proyecto, se va a vivir con su familia por un año a Los Ángeles, Estados Unidos. Allá graba *Nightingale*, con producción de Sérgio Mendes, y se presenta en varias ciudades para lanzarlo. Aunque la carrera internacional de Gil no haya despegado en aquel momento, el disco significó una contribución importante en dos sentidos: un mayor conocimiento técnico de la grabación en estudio y una sonoridad más pop, marcada por la influencia de los músicos que conoció en Estados Unidos, y que podría reconocerse también en sus siguientes discos [2007]:

> *Con* Nightingale *conocí a Michael Sambello, Stevie Wonder, Nathan East y Abe Laboriel, todo ese grupo que venía y continuaría ocupando el sitio noble de la música pop californiana, con la fusión del pop y del rock que se iniciaba en aquel momento. Y ese disco me tocó bastante, quedé muy estimulado por ese tipo de cosas. Cuando fui a hacer* Realce, *aquella dimensión estaba muy presente.*

Realce, el disco que cierra la trilogía Re, lanzado en 1979, es uno de los mayores éxitos de Gil. Este presenta una sonoridad bailable, que pasa por la canción que le da título y por temas como "Toda menina baiana"; además de "Não chore mais", cover de "No Woman, no Cry", de Bob Marley, que se transformaría en uno de los himnos de la apertura política que Brasil estaba viviendo en la época y en el compacto más vendido de la carrera de Gil, con más de 750 copias vendidas. El álbum representa también la consolidación de la relación de Gil con el reggae, que conoció durante su estadía en Londres, habiendo acompañado la escena del Portobello, centro de difusión de la cultura jamaicana en Inglaterra. En 1980, Gil llegó a presentarse con Jimmy Cliff, otro gran nombre del reggae. Para después, en 2001, grabar el disco *Kaya N'Gan Daya*, en homenaje a Bob Marley.

En 1979, Gil se separó de Sandra, con quien tuvo tres hijos, Pedro, Preta y Maria; y comenzó una relación con Flora Giordano, su actual esposa, quien también se transformó en su *manager*. Con Flora tendrá a Bem, Bela y José.

En 1981, lanzó su disco *Luar – A gente precisa ver o luar*, que incluiría éxitos como "Palco" y "Se eu quiser falar com Deus", iniciando así una duradera alianza con el productor Liminha. Los dos ya se conocían desde la época en que este era bajista de los Mutantes. Liminha se transformaría en uno de los principales productores del país, al participar activamente de diversos discos fundamentales del rock brasileño de la década de 1980. En 1984, crearon juntos el estudio Das Nuvens, en el barrio Jardim Botânico de Rio de Janeiro, donde Gil grabó sus siguientes discos.

La década de los ochenta está marcada por una serie de álbumes con un lenguaje más pop, que acercaron a Gil a un público más amplio, como *Um banda um* (1982, con los éxitos "Andar com fé" y "Esotérico"), *Extra* (1983), *Raça humana* (1984, con "Tempo rei" y "Vamos fugir", esta última grabada en Jamaica con la participación de los Wailers, la banda que acompañaba a Bob Marley), *Dia dorim noite neon* (1985) y *O eterno Deus Mu Dança* (1989).

Esta época fue también el momento de una aguda crisis existencial. Gil, nuevamente de manera valiente, expuso al público sus tormentos, en una entrevista para Regina Echeverria titulada *El reflujo del guerrero*, realizada en 1982 [2007]:

Toda persona tiene una preocupación excesiva por lo que pueda parecer bienestar, por lo que pueda significar la tranquilidad, la alegría, el placer. En el caso del artista, creo que todavía más. Existe un cuidado, una necesidad, qué sé yo, algo natural de los artistas por demostrar que están bien, que la vida es una maravilla, que el trabajo de ellos está yendo súper bien, que está todo bien. Cuidar la imagen, no decepcionar al público, no desanimar a los fans; existe todo eso. Al final de cuentas, ¿qué está pasando conmigo? No estoy bien y eso puede perjudicar mi carrera. Esa preocupación no es solo el problema banal de la imagen. Es que a los artistas no les gusta mucho confesarse por ahí. Pero creo que llega un momento en que ya no se puede estar más atado a eso. Uno no es un superhombre. Los artistas tenemos que administrar nuestros tormentos como cualquier persona.

Cuando hice mención a una debilidad del aspecto intelectual, recibí tres o cuatro llamadas e incluso cartas de amigos que se asustaron. Sin embargo, tenemos el derecho a usar las metáforas que queramos. Creo que lo que está pasando conmigo puede ser tomado realmente como una debilidad. Si perdiste el gusto por las cosas, el criterio, si no tienes energía, ganas, si no consigues salir de una especie de limbo, de una especie de purgatorio, entonces tienes que admitir que hay algo que te está debilitando.

El tema del éxito fue determinante en ello. El éxito no puede ser una sobrecarga. Es el residuo de un seudocompromiso que parece compromiso, pero que no lo es. Cada disco es una experiencia y se agota en sí mismo. Ampliar el mercado, tener éxito, es algo medio banal. Pero aún así el éxito o no-éxito es algo que está muy presente en la vida todo artista. Entonces siempre tienes que pre-

sentarte en buenas condiciones. No puedes radicalizar ninguna posición: vender o no vender discos. Ese es un postulado absurdo para un artista. Por eso la queja que Caetano hizo en relación con Simone y Fagner. Es muy tonto decir que solo vale vender un millón de discos. Es lo mismo que decir que no quieres vender discos, como muchos artistas puristas, entre comillas, dicen por ahí. Todo eso es sectarismo, ingenuidad, enfermedad ideológica, hipertrofia ideológica.

Si Gil consiguió superar la crisis y continuar componiendo y grabando, toda la perturbación que la creó tuvo otras consecuencias positivas: en la década de 1980, por primera vez, dividió su carrera artística con la actividad política, asumiendo en 1987 la presidencia de la Fundación Gregório de Mattos, especie de secretaría de Cultura de la ciudad de Salvador, a partir de una invitación del entonces alcalde, Mário Kertész. En una entrevista de la época, comentó [2007]:

La verdad es que eso ya pasaba por mi cabeza. En el último tiempo, se había insinuado en mí una voluntad de participar en política, en la cosa pública. Y eso llegó a los oídos de Mário Kertész y sus asesores, personas con las que mantenía algún contacto (*Mário y yo fuimos compañeros en el colegio*). Él lo sopesó y yo no lo dudé. Yo realmente quería hacer algo así. Creo que ese impulso tiene que ver con el paso del tiempo. Esa dimensión se venía insinuando en mi proyecto natural de vida. Por aquí y por allá, tú encuentras momentos de liderazgo, de una actitud gerencial; hay un poco de eso en la formación de mi personalidad.

Gregório de Mattos es una fundación cultural que discute, proyecta y viabiliza la realización de actividades culturales. Existe hace casi un año y busca también ser una agitadora cultural. Para eso, requerirá de una dinámica para tener presencia en la comunidad, para estimular a las empresas, entregar fondos y tratar con el Gobierno Federal. También tendrá que acompañar el desarrollo orgánico de Salvador. Queremos que todo eso le devuelva a Bahía su destacada posición en el panorama de la cultura brasileña. Esa era una dimensión que Bahía tenía y que era asumida por toda la sociedad brasileña, pero que luego quedó vaciada de contenido. Es una cosa más o menos así, como dice el lema de la administración de Mário Kertézs: "Salvador, corazón de Brasil". Ahora él necesita apretar fuerte para que la sangre bombee y llegue a toda la periferia brasileña.

En su gestión, Gil creó una iniciativa de reaproximación entre la cultura bahiana y africana, por dos frentes: con la apertura de una Casa de Benin en Salvador y una Casa de Bahía en Benin. Además, invitó a Lina Bo Bardi a realizar un importante proyecto de revitalización del centro de la ciudad. Sin embargo, existió por sobre todo una preocupación por la unión entre la reflexión y actuación poética y la política [2007]:

> En este momento, existe la necesidad de renovar los liderazgos, de renovar la dimensión sobre las demandas sociales, que son materiales y también espirituales. Los agentes culturales, de cierta forma, necesitan colocarse al frente de este tema. Los contenidos ideológicos están vaciados, los religiosos tienden a vaciarse, de igual forma que los políticos. Así, surge la necesidad de un cambio de lenguaje, para que exista una aproximación de esas dos dimensiones: el mundo cultural y el mundo político. Mis proyectos buscan un poco provocar esa discusión. Si se necesita una aproximación de esos dos mundos, alguien tiene que realizar el primer gesto.

En 1988, Gil decidió intentar dar un salto mayor en la política, renunciando a la fundación para ser precandidato a alcalde de Salvador. No siendo considerado por el Partido del Movimiento Democrático Brasileño (PMDB), decidió candidatearse a la Cámara de Concejales, siendo electo con el mayor número de votos de la ciudad. En la Cámara, presidió la Comisión de Defensa del Medioambiente. El activismo ecológico fue creciente en la vida de Gil. En 1989 fundó Onda Azul, una organización no gubernamental de defensa de los océanos, con Alfredo Sirkis y Juca Ferreira, quien años después sucedería a Gil como ministro de Cultura en el gobierno de Lula.

El cambio de década quedó marcado por un evento traumático: su hijo Pedro falleció el 2 de febrero de 1990, luego de un accidente automovilístico. Tenía 19 años y era el baterista de la banda de Gil. En 1993, Gil contó, de una forma muy bella, cómo lidió con la muerte de su hijo [2007]:

Tuve un shock *brutal, un susto que descompensó mi organización física y mental. En los últimos años, he sentido que voy perdiendo la memoria y mis amigos atribuyen la aceleración de ese proceso a la muerte de Pedro. Pero pienso en él con mucha tranquilidad. He*

soñado con él algunas veces. Y cada vez sentí un enorme placer de verlo, sin el gozo de saberlo vivo. Experimenté el sufrimiento de saberlo muerto, pero sin dolor, por tenerlo vivo en mi memoria.

En paralelo a su participación en política, Gil siguió componiendo. En 1992, grabó *Parabolicamará*. La canción que le dio nombre al álbum es una impresionante reflexión sobre las posibilidades y los desafíos de la globalización: *"Antes mundo era pequeno / Porque Terra era grande / Hoje mundo é muito grande / Porque Terra é pequena / Do tamanho da antena parabolicamará / Volta do mundo, camará / Mundo dá volta, camará"* [2007].

Le puse Parabolicamará *para darle nombre a algunos aspectos de una posible globalización que yo vislumbrava y que incluso deseaba, de una manera al mismo tiempo alegre y trágica, como alguien que desea firmemente todo aquello que le sucede.*

Parabolicamará une las palabras parabólica, esto es, la antena omnipresente hoy en día en los rincones más pobres de Brasil; con camará, la manera que los practicantes de capoeira, la lucha lúdica afrobrasileña, escogieron para llamar a sus compañeros, camaradas, cuando danzan y cantan.

En la canción que da nombre al disco quise hablar del tiempo existencial, síquico, en contraposición al tiempo cronológico, para insinuar el acortamiento del tiempo-espacio provocado por el aumento de la rapidez de los medios de comunicación –física y mental– del mundo tempo-moderno y de las velocidades transformadoras en que vivimos: "De jangada leva uma eternidade / De saveiro leva uma encarnação / Pela onda luminosa / Leva o tempo de um raio / Tempo que levava Rosa / Pra aprumar o balaio / Quando sentia que o balaio ia escorregar".

En los años siguientes, Gilberto Gil se concentró en dos proyectos especiales. En 1993, lanzó junto con Caetano Veloso el disco de estudio *Tropicália 2*, para conmemorar los 25 años del movimiento. El disco retomó algunas experimentaciones formales, además de incluir canciones que definitivamente debían entrar en el repertorio de los artistas, como la política "Haiti" y la bellísima "Desde que o samba é samba". El álbum, no obstante, generó una controversia, por dejar fuera a los demás músicos y artistas

que formaron parte del momento original de la Tropicalia.
Según Gil [2007],

> *el disco fue un proyecto artístico conmemorativo.
> Caetano decía claramente: "Mira, son muchas las solici-
> tudes para conmemorar la Tropicalia, de varias formas
> y en diversos contextos. Vamos a hacer un disco, que así
> nos libramos de todo el resto". Entonces se decidió que
> haríamos el disco juntos. Caetano dijo: "Tropicália 2,
> vamos a concentrarnos en nosotros dos". Aquello también
> fue una decisión suya. Fue una radicalización, ya que
> las celebraciones podrían desdoblarse en varios eventos.*
>
> *Como manifiesto general, Tropicália 2 es una reafir-
> mación de la creencia en la libertad y en la pluralidad.
> Es un disco democrático. El disco se une a las huestes
> de la construcción del futuro. Menos que eso sería poco.
> En el plano individual, es un disco de reafirmación de
> los orígenes; el* sertão, *el* baião, *el* samba de roda *de
> Bahía, mi expresividad afrobahiana, las canciones nor-
> teamericanas que yo escuchaba cuando era niño, el pop
> de los años sesenta, con la regrabación de Jimi Hendrix
> de "Wait Until Tomorrow". En el sentido íntimo, es un
> disco nostálgico, de reminiscencias.*

En 1994, Gil lanzó un disco acústico, *Unplugged*, el cual fue grabado en vivo en un especial para MTV Brasil, en los moldes de lo que la emisora había realizado de manera exitosa con Eric Clapton en Estados Unidos. Con una banda integrada por Celso Fonseca en la guitarra, Arthur Maia en el bajo, Jorginho Gomes en la batería, Lucas Santtana en los vientos y Marcos Suzano en la percusión, el disco presenta un repertorio y una ejecución impecables, retomando éxitos y redescubriendo canciones que habían quedado en segundo plano en sus discos originales, como "Drão" y "Beira-mar", además del tema para el programa de televisión infantil, "Sítio do pica-pau amarelo". El disco fue uno de los más vendidos en la carrera de Gil y consiguió presentar su obra a un público de una nueva generación.

En la segunda mitad de la década, Gil comenzó a sentir algunas dificultades vocales, que lo obligaron a adecuar las tonalidades en los discos y en las presentaciones [2007]:

El motivo principal es que hace 15, 20 años, yo usaba abusivamente la voz, gritaba mucho, usaba la voz como un instrumento para improvisar y me lanzaba a experimentaciones y vocalizaciones osadas, sin orientación técnica ni asistencia. Se me terminaron formando dos pequeños nódulos, uno en la cuerda del lado derecho, y otro en la izquierda, lo que me provocó una tendencia al enronquecimiento fácil y una cierta pérdida de la calidad vocal. Es algo sencillo y benigno, no se me ha dado ninguna recomendación médica de intervención quirúrgica. Hace un año vengo tratándome con homeopatía y ejercicios fonoaudiológicos, con buenos resultados. Todavía tengo cierto rango de voz medio perjudicado, pero no llega a ser una ronquera ni me impide cantar o alcanzar las alturas exigidas por las canciones. Estoy comenzando a controlar un poco más mi voz, saliendo de las regiones más agudas de soprano hacia una voz más de contralto. Esa tendencia al grave es en realidad una cosa de la edad, le pasa a todos los cantantes que van envejeciendo, las cuerdas ya no tienen la misma elasticidad. Entonces, una de las maneras de llevarlo es bajar los tonos.

Los desafíos en torno a su voz no impidieron que Gil se encontrara en una de sus mejores fases creativas. La reflexión sobre las nuevas tecnologías y la relación entre ciencia y arte, ya esbozada en *Parabolicamará*, se intensificó en el disco siguiente, *Quanta*, de 1997. Según él mismo cuenta, *Quanta* es su disco más conceptual, y el que le dio más trabajo y presentó más dudas durante su realización [2007]:

> Quanta *es una lectura poética sobre la ciencia y sobre sus interfaces con la filosofía, la religión y el arte. Mi objetivo en el disco es crear puentes entre el campo mágico y el campo de la física, intentar retratar una aproximación entre la ciencia y el misticismo. Desde el tropicalismo, la idea era esa: puentes entre universos continuos. Creé ese hábito. Es por eso que digo que soy un tropicalista hasta el día de hoy.*

La segunda pista del disco es "Ciência e arte", de Cartola y Carlos Cachaça. Fue el letrista Carlos Rennó, que poco tiempo antes había organizado un libro con todas las letras de Gil, quien le presentó la canción. Según Gil, "es un samba-enredo ornamental, poético y dedicado a elogiar a las ciencias y los diversos campos del conocimiento en Brasil. Es la canción emblema del disco".

Gil quiso incorporar en las ediciones posteriores del disco una última canción, compuesta con Moreno Veloso, hijo mayor de Caetano, y Lucas Santtana: un *collage* de fragmentos de canciones y textos, desde los cantos indígenas al punk rock, que dialoga directamente con la tropicalista "Objeto semi-identificado". No por casualidad el nombre es "Objeto ainda menos identificado" ("Objeto todavía menos identificado").

El disco fue muy bien recibido y se le considera un rescate del Gil más experimental de la década de 1960. Rindió una bien sucedida gira y un disco en vivo, *Quanta gente veio ver*, lanzado al año siguiente. De esta forma, Gil cerró la década de los noventa con llave de oro.

La década siguiente, el nuevo milenio, traería otros desafíos: Gil retomó su participación en política, aceptando asumir el ministerio de Cultura del gobierno de Lula en 2003. Su periodo como ministro, que se extendió hasta 2008, se caracterizó por el fortalecimiento de la cartera y por una serie de políticas innovadoras, como los puntos de cultura[11] y el debate en torno a la cultura digital. En su discurso de asunción del cargo, Gil realizó una defensa de un *"do-in* antropológico", una propuesta de revitalización de los espacios de la cultura a lo largo del país [2013]:

11. Política pública cultural que busca apoyar financiera e institucionalmente a proyectos culturales nacidos de las comunidades y con impacto directo en ellas. La política busca, a partir de ahí, desencadenar un proceso orgánico de suma de nuevos agentes a partir del encuentro entre diferentes proyectos (puntos) para retroalimentarse y satisfacer necesidades de manera recíproca.

Lo que entiendo por cultura va mucho más allá del ámbito restringido y restrictivo de las concepciones académicas o de los ritos litúrgicos de una supuesta "clase artística e intelectual". La cultura, como alguien ya lo dijo, no es apenas "una especie de inorgánica que distingue a los ilustrados". Ni es solamente lo que se produce en el ámbito de las formas canonizadas por los códigos occidentales, con sus sospechosas jerarquías.

Del mismo modo, nadie me va a escuchar pronunciando la palabra "folclor". Los vínculos entre el concepto erudito de "folclor" y la discriminación cultural son más que estrechos. Son íntimos. "Folclor" es todo aquello que, no encuadrándose –por su antigüedad– en el panorama de la cultura de masas, es producido por gente inculta, por "primitivos contemporáneos", como una especie de enclave simbólico, históricamente atrasado, en el panorama del mundo actual. Las enseñanzas de Lina Bo Bardi me previnieron definitivamente de esa trampa. No existe "folclor", lo que sí existe es la cultura.

Cultura como todo aquello que, en el uso de cualquier cosa, se manifiesta más allá del mero valor de uso. Cultura como todo aquello que, en cada objeto que producimos, trasciende lo meramente técnico. Cultura como una fábri-

ca de símbolos de un pueblo. Cultura como un conjunto de signos de cada comunidad y de toda la nación. Cultura como el sentido de nuestros actos, la suma de nuestros gestos, el juicio en nuestra manera de actuar.

Desde esta perspectiva, las acciones del ministerio de Cultura deberán ser entendidas como ejercicios de antropología aplicada. El ministerio debe ser como una luz que revela, en el pasado y el presente, las cosas y los signos que hicieron y hacen, de Brasil, Brasil. De esta manera, el sello de la cultura, el foco de la cultura estará puesto en todos los aspectos que la revelen y expresen, para que podamos tejer los hilos que los unen.

No le corresponde al Estado producir cultura, pero sí crear condiciones de acceso universal a los bienes simbólicos. No le corresponde al Estado producir cultura, pero sí proporcionar condiciones para la creación y la producción de bienes culturales, sean estos artefactos o "mentefactos". No le corresponde al Estado producir cultura, pero sí promover el desarrollo cultural general de la sociedad.

Porque el acceso a la cultura es un derecho básico de la ciudadanía, así como el derecho a la educación, a la salud, a la vida en un ambiente saludable. Porque, al invertir en las condiciones de creación y producción, estaremos tomando una iniciativa de consecuencias imprevisibles, pero ciertamente brillantes y profundas, ya que la creatividad popular brasileña, desde los primeros tiempos coloniales hasta los días de hoy, fue siempre más allá de lo que permitían las condiciones educacionales, sociales y económicas de nuestra existencia. La verdad es que el Estado nunca estuvo a la altura de la producción de nuestro pueblo, en las más diversas ramas del gran árbol de la creación simbólica brasileña.

Pero el ministerio tampoco puede ser apenas una caja pagadora de fondos para una clientela preferencial. Debo entonces hacer una salvedad: no le cabe al Estado hacer cultura, a no ser en un sentido muy específico e inevitable. En el sentido de que implementar políticas públicas para la cultura es, también, producir cultura. Pues toda política cultural forma parte de la cultura política de una sociedad y de un pueblo, en un determinado momento de su existencia. En el sentido de que toda política cultural no puede nunca dejar de expresar aspectos esenciales de la cultura de ese mismo pueblo.

Pero también en el sentido de que es necesario intervenir. No según la cartilla del viejo modelo estatizador, pero sí iluminando caminos, abriendo claros, estimulando, abrigando. Para hacer una especie de do-in *antropológico, masajeando puntos vitales, momentáneamente despreciados o adormecidos, del cuerpo cultural del país. En definitiva, para avivar lo viejo y estimular lo nuevo. Porque la cultura brasileña no puede ser pensada fuera de ese juego, de esa dialéctica permanente entre la tradición y la invención, en una encrucijada de matrices milenarias y desarrollos tecnológicos de punta.*

Entonces, no se trata solamente de expresar, reflejar, ser un espejo. Las políticas públicas para la cultura deben ser encaradas, también, como intervenciones, como caminos principales y secundarios, como rutas necesarias, como atajos urgentes. En suma, como intervenciones creativas en el campo de lo real histórico y social.

Para cualquier seguidor atento, es innegable la íntima coherencia entre la propuesta de política cultural de Gil y su propia obra musical: la apertura, la pluralidad, la capacidad de lidiar de forma compleja con diferentes campos de expresión. Siendo ministro, Gilberto Gil también buscó incentivar, de una manera innovadora a nivel mundial, el debate en torno a la cultura digital. Y, especialmente, el debate en torno a la autoría. Un interés que lo hizo acercarse a iniciativas como las de Creative Commons. En una entrevista realizada por mí y Rodrigo Savazoni, para el libro *Cultura Digital.br* (2009), publicado en alianza con el ministerio de Cultura de Brasil, Gil analizó el impacto y el desafío de lo digital para el medio cultural, aún con una perspectiva optimista respecto de la democratización de la cultura:

> *Todo campo cultural; las dimensiones simbólicas, las construcciones de las subjetividades que son la base de la vida cultural, los lenguajes y expresiones individuales y colectivas, todas esas cosas se ven afectadas por la vida digital, por causa de la considerable ampliación del acceso, los intercambios simbólicos que el mundo digital ofrece. Es un mundo nuevo, especialmente por la accesibilidad y la velocidad, la masificación de los usos y la penetración de esos usos en esferas que antes eran asumidas por pequeños grupos. Los especialistas que dominaban determinada área ya no monopolizan aquel dominio. Surge la cuestión de la multicapacitación, de los múltiples usos, de todo lo que el mundo digital proporciona, que es un mundo que socializó también las herramientas, que agilizó las inteligencias funcionales,*

que es cómo las inteligencias entran en función, en el diálogo con la instrumentalización. Todo aquello se ve extraordinariamente impactado, afectado por la digitalización. Es como si hubiéramos transitado a una nueva cultura. Todo se volvió muy rápido y muy amplio.

Ello aún impide una entrada definitiva del mundo de la música, de la cultura, de las actividades culturales de la sociedad, por esa indeterminación de los actores, de quien consume y a la vez produce, y de quien produce y a la vez consume. Y todavía está la cuestión de la remuneración, del producto, de la permanencia de la necesidad de configuración del bien cultural, del servicio cultural, aún en una lógica de bienes y servicios. Ha sido así por toda la historia capitalista, toda la historia productiva de nuestra sociedad, y puede ser que ahora eso se transforme desde el punto de vista autoral. La penetración tecnológica es inevitable y lo que vaya a pasar con ello dependerá de cómo el sistema reaccione. El sistema todavía vive de la posibilidad de remunerar y ser remunerado; todos los emprendimientos funcionan en términos de esta doble función y el sistema se va a resistir fuertemente para poder mantener la posibilidad de la dimensión transaccional de la vida. Mientras esto exista, habrá siempre una tentativa de frenar esa penetración. Pero el mundo digital aproxima mucho a la virtualidad con la actualidad, todo se confunde, y es difícil contener esa penetración.

El hecho de que un artista como Gilberto Gil haya sido ministro de Cultura tiene una importancia no solo interna para Brasil, sino que internacional. Una prueba de eso es la presentación de Gil en el plenario de la ONU, en 2003. El evento era una celebración del Día Internacional de la Paz, y también un homenaje a los muertos que había dejado un atentado contra el edificio de la ONU en Bagdad pocos días antes, en el que también falleció el embajador brasileño Sérgio Vieira de Mello. Durante su presentación, Gil invitó al entonces secretario general de Naciones Unidas y premio Nobel de la Paz, Kofi Annan, a subir al escenario y tocar conga en la canción "Toda menina baiana". El encuentro ganó un fuerte simbolismo, como recuerda Gil [2007]:

Ese fue un ejemplo de diplomacia transinstitucional, en el plenario de la Organización de las Naciones en Nueva York, frente a centenas de diplomáticos represen- tantes de varias naciones del mundo. Y un artista de una

**Gil presentándose en la ONU,
con Kofi Annan, 2003**

de esas naciones con una marca muy fuerte de actividad cultural, como es Brasil. Un artista que se encuentra con ese mundo diplomático internacional y que comparte el escenario con el secretario general de Naciones Unidas, que es africano, por tanto, con aspectos naturalmente asociados a los brasileños, a los bahianos, a aquel artista —en este caso, yo—, que estaba ahí representando todas esas cosas. Entonces fue un momento muy interesante.

Allí, en el principal escenario de la política mundial, podíamos ver la promesa de un Brasil con presencia internacional a través de la cultura. Allí, en aquel plenario, se presentaba la propuesta de una acción política pautada por la alegría, por el arte y por el intercambio de experiencias. El ministerio de Gil se caracterizó por presentar la propuesta más radical de sociedad dentro de un gobierno que, esencialmente, incluso con todas sus ambigüedades y conflictos, buscaba alcanzar "un Brasil para todos". Gil fue, como dijo Caetano, "el Lula de Lula".

Gil permaneció en el ministerio hasta 2008 y fue substituido por Juca Ferreira, que hasta ese momento era el secretario ejecutivo. Dejó como legado la más completa propuesta de política cultural que Brasil tuvo a la vanguardia internacional. Pero en 2011, con la transición de gobierno, que en un principio debería haber sido de continuidad, el proyecto fue rápidamente deconstruido. Permanecieron las propuestas, pero como una referencia para futuras iniciativas.

En cuanto a la producción musical, Gil continúa activo. En el último tiempo, ha lanzado varios discos, entre ellos *Banda larga cordel* (2008), *Fé na festa* (2010), *Gilbertos samba* (2014) y *Ok Ok Ok* (2019). Son producciones maduras, marcadas por la reflexión sobre el tiempo y por el permanente placer de hacer música, cada vez más acompañado por su familia. También continúa activo en el debate público, discutiendo cuestiones claves de nuestro tiempo. Aunque sepa optar por el silencio, como explicita en la canción que le da título al disco de 2019, un retrato de sabiduría en medio del debate vaciado de contenido gatillado la polarización política de Brasil en el momento [2018]:

"Ok Ok Ok / Já sei que querem a minha opinião / Um papo reto sobre o que eu pensei / Como interpreto a tal, a vil situação // Penúria, fúria, clamor, desencanto / Substantivos duros de roer / Enquanto os ratos roem o poder / Os corações da multidão aos prantos / Alguns sugerem

que eu saia no grito / Outros, que eu me quede quieto e mudo / E eis que alguém me pede "encarne o mito" / "Seja nosso herói, resolva tudo" // Ok Ok Ok / Já sei que querem a minha opinião / Um papo reto sobre o que eu pensei / Como interpreto a tal, a vil situação / Dos tantos que me preferem calado / Poucos deles falam em meu favor / A maior parte adere ao coro irado / Dos que me ferem com ódio e terror / Já para os que me querem mais ativo / Mais solidário com o sofrer do pobre / Espero que minh'alma seja nobre / O suficiente enquanto eu estiver vivo // Ok Ok Ok / Ainda querem a minha opinião / Um papo reto sobre o que eu pensei / Como interpreto a tal, a vil situação // Que o nobre, nobre mesmo, amava os seus / Prezava mais o zelo e a compaixão / Tratava seu vassalo com afeição / A mesma que pelo cão e o cavalo / Então não falo, músico e poeta / Me calo sobre as certezas e os fins / Meu papo reto sai sobre patins / A deslizar sobre os alvos e as metas // Ok Ok Ok / Sei que não dei nenhuma opinião / É que eu pensei, pensei, pensei, pensei / Palavras dizem sim, os fatos dizem não".

["Ok, Ok, Ok / Ya sé que quieren mi opinión / Una declaración sincera sobre lo que pensé / Cómo interpreto la tal, la vil situación // Penurias, furia, clamor, desencanto / Sustantivos duros de roer / Mientras los ratones roen el poder / Los corazones de la multitud llorando / Algunos sugieren que salga gritando / Otros, que me quede quieto y mudo / Y he ahí quien me pide que "encare el mito" / "Sé nuestro héroe, resuélvelo todo" // Ok, Ok, Ok / Ya sé que quieren mi opinión / Una declaración sincera sobre lo que pensé / Cómo interpreto la tal, la vil situación / De entre los tantos que me prefieren silencioso / Pocos de ellos hablan a mi favor / La mayoría adhiere al coro furioso / De los que me hieren con odio y terror / Ya para los que me quieren más activo / Más solidario con el dolor del pobre / Espero que mi alma sea noble / Lo suficiente, mientras esté vivo // Ok, Ok, Ok / Aún quieren mi opinión / Una declaración sincera sobre lo que pensé / Como interpreto la tal, la vil situación // Que el noble, el verdadero noble, amaba a los suyos / Oraba por más celo y comprensión / Y a su vasallo le daba atención / La misma que al can y al caballo / Entonces no hablo, músico y poeta / Me callo sobre las certezas y los fines / Mi declaración sincera sale sobre patines / Al deslizarse sobre los blancos y las metas // Ok, Ok, Ok / Sé que no di ninguna opinión /

Es que lo pensé, pensé, pensé, pensé / Las palabras dicen sí, los hechos dicen no".]

La música es el retrato de dos Gil que conviven: por una parte, el Gil personaje público, que nunca se restó del debate, que siempre supo reconocer la hora correcta para hablar, lo que constituye una marca generacional de artistas que se posicionaron públicamente sobre cuestiones políticas de su tiempo, como él mismo describe [2018]:

Nosotros pertenecemos a una generación de artistas, de músicos populares, que, de cierta forma, inauguró esa cosa más de militancia en la opinión pública, con posicionamientos respecto a las costumbres, a las dimensiones existenciales de cada uno, de la política, de las diversas cuestiones que atañen a la vida social. Entonces a mí, Caetano, Chico Buarque, Geraldo Vandré, Milton Nascimento, ese grupo, de esa generación, más todos los que vinieron después y que fortalecieron ese proceso de militancia en la opinión pública, se nos exige, por eso mismo, una opinión. Esa exigencia ya está presente en el hecho mismo de disponernos a trabajar en ese campo de la opinión pública –y los derivados de esa clasifica-

ción– como formadores de opinión. Por lo tanto, se nos exige necesariamente por esa misma noción del modo de ser artístico.

Esa exigencia también está marcada por un creciente elemento que posibilita internet, especialmente después del advenimiento de las redes sociales: el estímulo a la confrontación de ideas y a la polarización. Una dimensión muy distante de la utopía digital que tanto lo entusiasmó en los primeros tiempos de la red digital [2018]:

> *La sociedad está cada vez menos paciente. Con el advenimiento de internet, de esas herramientas de condensación de públicos, de colectivos y de individualidades desde sus propios territorios, desde sus rincones, esa cosa de la exigencia de posicionamiento y de opinión se volvió aun más intensa en los últimos años. Y es así como nacen las grandes polarizaciones de hoy en día, la radicalización de los conflictos entre los opuestos en el campo de las ideologías. Nuestra generación inauguró esa cosa mediática, de la opinión pública circulante a través de las cabezas de muchos de nosotros. Internet lo intensificó, generando esa condensación.*

En contraposición, aparece en la canción el otro Gil, el sereno, que sabe reconocer el momento de guardar silencio. Una serenidad que lo ha acompañado en los últimos años, con una mirada atenta frente al paso del tiempo [2018]:

En la canción "A paz", que hice con João Donato, algunos de los versos dicen: "Só a guerra faz nosso amor em paz" ["Solo la guerra consigue que nuestro amor se dé en paz"]. La paz es una elección en medio de todo, una elección que es propiciada, primero, por esas ganas, ese impulso, ese empeño en querer, en fin, estar en paz; y luego, por el hecho de que solo es posible en medio de tantas dificultades, tantos desencuentros, tantas desavenencias, dificultades... Solo la búsqueda de la paz consigue entregar un equilibrio, no caer en ese pozo de desesperación, esa cosa desesperanzadora. Es una búsqueda permanente, casi siempre, de muchas personas. Es un proceso de producción, tú tienes que producir la paz. En mi caso, por ejemplo, ¿por qué me puse a hacer yoga?, ¿por qué empecé a interiorizarme en disciplinas espirituales?, ¿por qué comencé una búsqueda en diversas filosofías, las de oriente, etc.? Porque estaba buscando en ellas algún esclarecimiento del significado de lo que somos, de dónde venimos, para dónde vamos. Es decir, esa búsqueda, esa producción de la paz, como dije, hace que ella se concrete, que ella se vuelva piedra.

El futuro se volvió urgente. A los 77 años, el futuro está muy cerca, porque muchas cosas ya son parte del pasado en mi vida. Entonces, el presente se hizo incalificable, es el aquí y el ahora, es inmediato y no hay nada que decir. Él es nosotros; ese es el dato vital, el vitalismo profundo. Ahora, el futuro es la proyección, el desentramado de las cosas y está ahí, a los 77 años, el futuro está a la vuelta de la esquina, ahí nomás [risas]. Además, es abierto, ya no es más aquello que uno ansía, aquello que quieres y que construyes. Para mí ya no hay más futuro que construir. Solo existe un ahora, posicionándome para el encuentro permanente con el futuro. El futuro ahora es para mí permanencia.

En Gil, vida y obra se confunden. Así como Gil se confunde con la más bella posibilidad de Brasil. En otro trecho de su discurso de asunción como ministro, en 2003, declaró [2013]:

O Brasil acaba con la violencia, o la violencia acaba con Brasil. Brasil no puede continuar siendo sinónimo de una aventura generosa, pero siempre interrumpida; o de una aventura apenas nominalmente solidaria. No puede continuar siendo, como decía Oswald de Andrade, un país de esclavos que insisten en ser hombres libres. Tenemos que completar la construcción de la nación.

Aún no sabemos cómo serán las futuras propuestas de rescate de una invención generosa de Brasil. Frente a la violencia de hoy, estamos recién comenzando a germinar el sueño de un mañana. Pero podemos tener certeza de que cualquier propuesta solidaria, inclusiva y libre de Brasil pasará, inexorablemente, por la obra-pensamiento y la figura luminosa de Gilberto Gil.

REFERENCIAS BIBLIOGRÁFICAS:

1975. Campos, Augusto de. *Balanço da Bossa*. 2a Edição. Perspectiva, São Paulo, 1975.

1975. Revista *Pop*, agosto de 1975.

1980. Motta, Nelson. *Música Humana Música*, Salamandra, Rio de Janeiro, 1980.

1992. Chediak, Almir. *Songbook Gilberto Gil Vol. 2*. Lumiar, Rio de Janeiro, 1992.

2007. Cohn, Sergio. *Gilberto Gil - Encontros*. Azougue, Rio de Janeiro, 2007.

2009. Cohn, Sergio, Savazoni, Rodrigo. *Cultura Digital.br*. Azougue, Rio de Janeiro, 2009.

2010. Cohn, Sergio, Maleronka, Fabio, Savazoni, Rodrigo. *Produção Cultural no Brasil*. Azougue, Rio de Janeiro, 2010.

2011. Mac Cord, Getúlio, *Tropicália - Um Caldeirão Cultural*, Ferreira Editoria, Rio de Janeiro, 2011.

2012. Terra, Renato. *Uma Noite em 67*. Civilização Brasileira, Rio de Janeiro, 2012.

2013. Gil, Gilberto, Ferreira, Juca. *Cultura Pela Palavra*. Versal, Salvador, 2013.

2017. Gil, Gilberto. "Conceituação foi do Caetano, eu tive papel político". *Folha de S. Paulo*, 9 de abril de 2017.

2018. Gil, Gilberto. "Gil dá atestado de vida em OK OK OK". *Folha de S. Paulo*, 21 de agosto de 2018.

"QUIERO QUE LA HUMANIDAD CUMPLA SU PROPÓSITO"

*Entrevista a Leonardo Lichote, 2019 (Projeto Cria)
y Ana Paula Simonaci, Leonardo Lichote,
Paulo Almeida y Sergio Cohn, noviembre de 2020*

ENTREVISTA 1
Por Leonardo Lichote, Cria[1], 2019

*Gil, la conversación con Cria es sobre
el proceso de composición. Entonces,
siempre suelo comenzar preguntando
sobre la primera canción que compusiste.*

Yo había esbozado varias cosas cuando tocaba acordeón. Empecé a estudiar acordeón a los diez años. Llegando a la adolescencia, ya tocaba en un grupo. Se llamaba Os Desafinados.

*Ya había aparecido en escena
João Gilberto, ¿no?*

Sí. Pero mi composición todavía no tenía un formato, un arte, un acabamiento en las canciones. Yo improvisaba bastante en el acordeón y de esa fase no quedó nada. Nada tomó una forma concreta, nada condensó en una canción propiamente tal. La primera canción

1. Programa brasileño de entrevistas a artistas centradas en el acto de crear. Se graba en la casa de espectáculos Manouche, de Río de Janeiro.

que hice fue después, ya con la guitarra, que empecé a tocar por João Gilberto. Seducido por João. Antes de eso, no conseguía hacerlo.

Yo tocaba acordeón, que tiene todo eso de la escala, los sonidos en una secuencia, muy bien organizados ahí, pitagóricamente. Todo muy claro. Y cuando tomaba alguna guitarra, yo pensaba: "Esto es extraño". No conseguía entender por qué una cuerda y la otra y la otra formaban un acorde. Todo eso me era distante. Pero un día aprendí y terminé aprendiendo por João. La primera canción que recuerdo haber compuesto era así:

"Se você disser / Que ainda me quer, amor / Eu vou correndo lhe abraçar / Seus beijos, seus carinhos / Vivo a procurar / Como o poeta busca a inspiração / Nas noites de luar // Se você disser / Que ainda me quer, amor / Eu vou correndo lhe acompanhar / E unidos, bem juntinhos / Partiremos só nós dois / E o bom, felicidade, vem depois". ["Si tú dices / Que todavía me quieres, amor / Voy corriendo a abrazarte / Tus besos, tus cariños / Los vivo buscando / Como el poeta busca inspiración / En las noches de luna // Si tú dices / Que todavía

me quieres, amor / Voy corriendo a acompañarte /
Y unidos, bien juntitos / Nos marcharemos solos / Y
lo bueno, la felicidad, nos espera".]

***Muy bossa nova, muy João Gilberto.
Incluso, el primer verso es "Se você disser",
como en "Desafinado". ¿Cómo era la música,
antes de la bossa nova, en Ituaçu?***

Bueno, en Ituaçu, era muy presente la música local,
la música natural, la música que allí se daba principalmente a través de los peregrinos, de los campesinos,
los viajeros que llegaban a las ferias. En 1950, Itauçu
tenía 800 habitantes. Para el censo de 1950, yo iba
a cumplir ocho años, e Itauçu tenía 800 habitantes.
Entonces, era prácticamente una cuadra, un pequeño
barrio de una ciudad de tamaño medio. Y la música
era bien local. A las ferias de los días sábado siempre
llegaban los campesinos ofreciendo *rapadura*[2], harina,
porotos, arroz, frutas, umbú[3] y todas esas cosas. Se

2. Dulce hecho con el caldo de la caña de azúcar.
3. Fruto del árbol xerófito Umbú, típico de la zona semiárida (*sertão*) del
nordeste de Brasil.

ponía la feria y ellos llegaban. Aunque la feria era los sábados, algunos empezaban a llegar el jueves para armar el puesto y comenzar a instalarse.

La feria era... Tenía una especie de mercado que fue construido después de que yo nací, en 1943 o 1944, pero el hábito venía de antes. Las personas andaban por ahí, alrededor del mercado, porque no cabía tanta gente dentro. Ellos se instalaban afuera, ahí armaban sus puestos. Entonces, algunos llegaban el jueves en la noche o el viernes por la mañana o en la tarde para asegurar el lugar y armar su barraca. Y siempre había un cantor popular, ¿no? Siempre había uno.

Generalmente, eran muchos los cantores, los cantantes que venían. Incluso algunas personas ciegas venían por las propinas de los sábados, a pasar el sombrero para recibir algunas monedas. Entonces, esa fue la primera música en vivo que vi, con dos, tres, cuatro años máximo. Iba a la feria y veía a muchas de esas personas tocando y cantando. Eran canciones que estaban relacionadas con la región, con los motivos nordestinos, a todo eso. Itauçu está en una región que es bien de la catinga, incluso podría considerarse dentro del polígono de las sequías del nordeste.

Y en la casa yo escuchaba la Radio Nacional, que tenía varios programas a lo largo de la semana. Y todos los días tenía, al menos, un programa de música. Ahí tocaban Dalva de Oliveira, las hermanas Batista, Jorge Goulart, Nora Ney, después empezaron a tocar Ângela Maria. En fin, era un desfile enorme de cantantes importantes. Todo se transmitía desde la plaza Mauá[4], ¿no? Desde el edificio A Noite. La Radio Nacional estaba ahí, en el último piso del edificio A Noite y desde allí se transmitía para todo Brasil. Era una de las radios más importantes de la época y que llegaba a todo el país.

Otra radio que llegaba a todas partes era la Radio Tupi. En ella siempre escuchaba *Calouros em desfile*, con Ary Barroso, que presentaba a los cantantes jóvenes y así. Otra radio que también tenía la potencia suficiente para llegar a todos lados era la Mayrink Veiga, pero esa no tenía tanta programación musical.

***¿Qué era lo que te gustaba escuchar
en esas radios?***

4. Barrio portuario de Río de Janeiro, cercano al centro.

Ah, todo. Me gustaba todo. Todos esos nombres que
cité me encantaban. Y en esa época yo ya le prestaba
una atención especial a Luiz Gonzaga, porque él comenzó justamente en uno de los programas de Ary
Barroso. Él fue a tocar en uno de los capítulos de
Clouros em desfile. Se dice que Gonzaga habría tocado
una polca, o algo así. Y él habría dicho: "¿Yo toqué
eso?". Pero Ary tenía esa cosa de presumir y parece
que él le habría aconsejado comenzar a aprovechar el
repertorio local, el repertorio nordestino. Ary Barroso
tuvo una cierta influencia en que Gonzaga asumiera
el *baião*, el *xaxado* y el *xote*.

**Y la obra de Gonzaga te marcó para toda
la vida.**

Sí, escuchando radio. Pero la verdadera fascinación,
lo determinante en relación a Gonzaga, fue cuando
lo vi cantando en la Praça da Sé, en Salvador, con su
trío: él, Catamilho y el zabumbero[5], en un escenario

5. Tocador de *zabumba* (instrumento tradicional de la música nordestina en
forma de bombo plano que se toca con un mazo de fieltro en una mano y una
baqueta en la otra).

que montaron en la Praça Castro Alves. Se agolpó muchísima gente, ya en aquella época. Era un ídolo, el gran artista pop del momento. Llegaba a cualquier lugar de Brasil y llenaba las plazas. Y yo ahí, un niño, con ocho años creo, vi a Gonzaga y quedé fascinado. Eso se quedó grabado en mi cabeza.

Dos años después, un año después, más o menos, fundaron una escuela de acordeón en Salvador. La fundó el doctor Benito Colmenero, un español que tocaba bandoneón y acordeón. Se llamaba Escuela de Acordeón Regina, en honor a su compañera Regina, que era una de las personas que lo ayudaba ahí a dar clases. Y fue por Luiz Gonzaga que le pedí a mi mamá que me comprara un acordeón y que me matriculara en la escuela. Entonces, empecé a ir a la academia de Colmenero.

Luiz Gonzaga fue tan importante para mí que mi sobrenombre en casa y entre mis amigos era "Jiló", por la canción "Que nem jiló".

¿Hay cierta influencia en tu manera de tocar guitarra que pasa por el acordeón de Gonzaga, no?

Sin duda, sin duda. Tú escuchas "Expresso 2222" y reconoces el acordeón, ¿no? Y eso es gracioso. Recuerdo que ese *rifizinho* que inventé en la guitarra para esa canción intrigó a mucha gente, muchos músicos y colegas. Me acuerdo de que John McLaughin, un guitarrista famosísimo, un gran músico, me invitó a participar de un programa que él tenía con su pareja, que también era música, en París. Él había escuchado esa introducción de "Expresso 2222" y había quedado intrigado, quería saber cómo era exactamente. Y ahí nos divertimos, hice el programa con él y le mostré cómo era. Y es una marca. Es bien Luiz Gonzaga. Una copia de eso que se llamó después "juego de fuelles". Ese bufido de acordeón, como dice en una canción.

Y João Gilberto vendría en un momento posterior. Fue otra inspiración fundamental...

Sí, como quedó demostrado con la primera canción que hice. Sin olvidar que una de las pocas canciones compuestas e interpretadas por João se llama "Bim bom", ¿no? "*É só isso o meu baião / E não tem mais nada, não / O meu coração pediu assim, só / Bim bom bim bim bom bom / Bim bom bim bim bom bom"*. Que es un poco zabumba, ¿no? Muy él, de Juazeiro, de ahí del *sertão* bahiano. Y él tenía toda esa influencia de aquella música. Hay una conexión.

Tanto así que cuando fui a aprender, compré una guitarra. Mi mamá me dio el dinero para comprarla, fui a Mesbla y compré una Di Giorgio, inmediatamente una guitarra de categoría. Y compré el libro con el método del Bandeirante, el método de Canhoto, y me fui a la casa a estudiar. Quería sacar el toque de la bossa nova, pero no me resultaba, no entendía cómo era. Hasta que recurrí al *baião*, y cuando pensé en *baião*, pude sacarlo. Tengo la certeza de que el toque de João, tal vez de manera medio inconsciente –aunque no creo, pienso que él era consciente de eso–, era algo que juntaba el *baião* y el samba.

Y después, décadas más tarde, en relación con el reggae, está esa historia graciosa con Dominguinhos, que también recurrió al baião.

Dominguinhos... Cuando estábamos viajando por el nordeste, ya con *Refazenda*, creo que fue ahí entre Campina Grande y João Pessoa, en una de esas camionetas Chevrolet, no sabría decir el modelo, estábamos yo, Dominguinhos y Chiquinho Azevedo. Entonces, puse un *cassette* de Bob Marley para que fuéramos tocando en la carretera mientras duraba el viaje. Él escuchó, escuchó, escuchó y cuando se acabó dijo: "Y bueno, *nego* Gil, eso es un *xotinho* sinvergüenza, ¿a que sí?". Y yo: "Eso mismo".

***En el disco* Kaya N'Gan Daya
*demostraste que realmente lo era, ¿no?
Otra figura fundamental para ti fue
Jorge Ben...***

Efectivamente. Pero en esa época yo ya estaba encantado con la bossa nova y ya había compuesto algunas canciones. Ya había hecho "Felicidade vem depois". Ya me había puesto a componer. Belina, mi primera esposa, la madre de Nara y de Marília, guarda hasta el día de hoy unos cuadernitos míos donde yo esbozaba algunas canciones. Eran las primeras. Yo ya estaba metido en el mundo de la música, cuando aparece el disco *Samba esquema novo*, de Jorge Ben.

Lo compré en una tienda de discos que quedaba ahí cerca de la Praça da Sé y me fui a la casa a escucharlo. Lo escuché uno, dos días y pasé otro día entero escuchándolo, no podía parar. Ahí recuerdo que me encontré con Caetano unos días después –él ya era muy cercano, ya hacíamos cosas juntos– y le dije: "Mira, desisto. No voy a hacer más canciones ni nada de eso. Voy simplemente a cantar las cosas Jorge Ben".

Él ya tenía más o menos resuelto todo lo que ustedes estaban intentando hacer, ¿no?

Todo lo que quería hacer. "*Sacundin, sacuden, sacudin, sacuden, sacundaia*". Ese lado, esa cosa de los *riffs* vocales, que yo después empecé a hacer. Todo eso es Jorge Ben. De ahí viene esa soltura, de esa cosa que él tiene. Ese compromiso orgánico, natural, telúrico con la música negra. Esa cosa negroide que tiene su música. Y me quedé un tiempo... Me acuerdo de que había una local en Salvador que se llamaba Boate Clock, de donde me llamaron un día para hacer un show y yo estaba exactamente en esa fase. Y les dije: "Bueno, acepto, pero solo si canto *Samba esquema novo* y nada más". Y fue exactamente así. Canté todas las canciones del disco de Jorge Ben.

El problema es que no sé imitar bien su manera de tocar guitarra. Sé imitar el estilo de João Gilberto, pero el de Jorge Ben no puedo. Porque es único, es muy personal. Es diferente de los demás, es una guitarra percutida. Diferente de la de João, que es una guitarra tocada con los dedos… Hay una expresión en portugués que no recuerdo bien ahora cómo es… ¡*Planger*![6] Es una guitarra *plangida*. Mientras que la de Jorge Ben es percutida, tiene como un pandero.

**Pero ustedes se entendieron muy bien
en el disco Ogum Xangô…**

Ah, bueno. Porque su origen también es la bossa nova. Solo que en él se expresaban por igual las individualidades, las características de cada uno, los

---

6. En portugués, sonar de manera triste, lastimosa.

misterios de la manifestación de nuestro ser. Él quiso ejecutar efectivamente una guitarra percutida y yo tenía mucha dificultad para hacerlo así, realmente no lo pude seguir mucho. Entonces desistí, acabé con esa locura de no hacer más mis cosas y solo hacer músicas de él. Por eso mismo, me di cuenta de que no podía equipararme con Jorge Ben. Decidí volver a hacer mis canciones, a mi manera, y fui absorbiendo otras formas de *planger*, otras formas de *dedilhar*[7] la guitarra. Mi guitarra es toda *dedilhada*. Es diferente.

Al inicio de tu carrera trabajaste haciendo jingles, ¿no?

Sí, compuse algunos *jingles*. Por ejemplo, para una empresa llamada Milisam, que fue una de las primeras tiendas de ropas de marca en Brasil. Fue un éxito, lo pasaban en la radio, las personas comentaban. Es chistoso porque fue otra de las importantes influencias en mi formación provenientes de elementos del campo extramusical. El *jingle*. Quedé con una marca.

7. En portugués, hacer tocar las cuerdas de la guitarra, una a una, con la punta de los dedos.

Muchas de mis canciones, incluso algunas románticas, tienen esa marca del *jingle*, de la propaganda.

Porque de todas las cosas con las que la Tropicalia lidiaba conceptualmente, en términos de la relación con la música comercial o la música pop, el jingle es su radicalización, ¿no?

Exactamente. Me acuerdo de Miles Davis, con esa voz que él tiene ahora. Una vez viajé con él en un vuelo de Montreux a Niza. Él participaba mucho de los festivales de Montreux. Por casualidad, nos fuimos sentados juntos, tuve la satisfacción de viajar ese pequeño trayecto entre Suiza y el sur de Francia en un avión con él. Y una de las cosas que él me preguntó fue: "¿Cómo está ese albino?". Y yo: "¿Quién?". "Ese albino". Me quedé un minuto así... y respondí: "Ah, Hermeto Pascoal, claro". Le dije: "Le está yendo bien, está muy bien". "Ese albino es cosa seria". Y yo: "Ah sí, es espectacular". Hablamos sobre varias otras cosas. Y, en mitad de la conversación sobre música, sobre música en Estados Unidos, en un momento él dijo lo siguiente: "Mira, lo mejor que hay en relación con la música de Estados Unidos en la actualidad son los *jingles*". Miles Davis, ¡imagínate!

¿Cómo fue el despertar de la Tropicalia para ti?

Nosotros ya estábamos juntos en Río, en São Paulo, pensando sobre la idea de música brasileña. Yo ya había vivido la etapa de la bossa nova y el movimiento de rescate del samba tradicional, había hecho esos shows memorables en Bahía. Y entonces, me tocó hacer un viaje a Recife, para cantar en el Teatro Popular del Nordeste, realizar unas presentaciones allá y tal, y ahí recibí dos invitaciones importantes. Una de ellas era para ir a la isla de Itamaracá, donde conocí a **Lia**, todavía una niña, muy joven, cantando cirandas. Una de ellas es famosa y habla de ella misma: "*Essa ciranda quem me deu foi Lia / Que mora na ilha de Itamaracá / Eu tava na beira da Praia / Ouvindo as pancadas das ondas do mar*". Y otra para ir a Caruaru, donde conocí la Banda de Pífanos. Don Sebastião Biano acaba de cumplir cien años. Vive en São Paulo, y acaba de cumplir cien años. Esas dos visitas, esos dos "impactos" me hicieron devolverme a São Paulo con el sentimiento de que teníamos que hacer algo. Mira, habíamos escuchado justamente en aquella época... Bueno, hay una cosa con mi memoria, que es medio confusa. No sé si ya había escuchado *Sgt. Pepper's* antes de ir para Recife o si lo escuché después. Es un lapsus que yo no... No se puede confiar mucho en mi memoria...

Pero esas dos cosas se juntaron y le dije a Caetano: "Caetano, tenemos que hacer algo con esa historia de la música brasileña. Hay tantas cosas, tantos elementos, tantas fuentes de inspiración, tantas maneras de 'abastecerse', motivos, temas, etc., que necesitamos juntarlas. La bossa nova, está bien, realizó un trabajo extraordinario, una innovación que impactó a toda la música brasileña, algo extraordinario, pero nosotros tenemos que hacer algo también". Entonces decidimos crear un movimiento. Y el resto lo conoces, la historia es conocida, convocamos a algunos compañeros, artistas...

Unos aceptaron y otros no...

Chico Buarque tiene esa historia de que cuando le preguntamos: "Pero, Chico, ¿por qué no quisiste participar? Te quedaste del lado de todos los que rechazaron trabajar con nosotros". Y él respondió: "Yo no sé si llegué a rechazar algo, Gil. Yo estaba completamente borracho. No tenía la más mínima condición de aceptar participar o no. Estaba demasiado borracho". Pero el hecho es que hubo colegas que no quisieron ser parte porque no querían mezclar la música pop inglesa con nuestras cosas. Ni la guitarra eléctrica. Ya existía ese problema con la guitarra eléctrica.

Sí, incluso tú te uniste.

A la marcha con Elis, ¿no? La marcha contra la guitarra eléctrica... Fui porque yo estaba completamente loco, enamorado. Fui solo por ella. Ella la organizó, ella impulsó la marcha. Y me dijo, de una manera vehemente, en los pasillos de la TV Record: "Gil, tú tienes que ir a la marcha conmigo". Yo no tuve ni... bueno, terminé yendo. Solo que un mes después yo ya estaba presentándome con una guitarra eléctrica junto con los Mutantes, tocando "Domingo no parque".

¿Cuál es tu gran canción tropicalista?

Hay varias, pero deja acordarme de una... "Marginália II", que compuse con Torquato Neto:

"Eu, brasileiro, confesso / Minha culpa, meu pecado / Meu sonho desesperado / Meu bem guardado segredo / Minha aflição / Eu, brasileiro, confesso / Minha culpa, meu degredo / Pão seco de cada dia / Tropical melancolia / Negra solidão // Aqui é o fim do mundo / Aqui é o fim do mundo / Aqui é o fim do mundo".
["Yo, brasileño, confieso / Mi culpa, mi pecado / Mi sueño desesperado / Mi bien guardado secreto / Mi aflicción / Yo, brasileño, confieso / Mi culpa, mi exilio / Pan seco de cada día / Tropical melancolia / Negra soledad // Aquí es el fin del mundo / Aquí es el fin del mundo / Aquí es el fin del mundo".]

Y por ahí va. Termina *"aqui é o fim do mundo"*. Caetano me pidió que volviera a cantar esa canción.

La aventura tropicalista es interrumpida abruptamente por la prisión y el posterior

*exilio. Caetano dice que la prisión los afectó
de manera distinta a él y a ti. La prisión fue
algo que te marcó, ¿no?*

Sí, porque hubo un hecho insólito que, de cierta forma, cambió todo mi estado de ánimo posterior. Ahí en la prisión la cosa era dura. Fue dura para él, para mí, para Ferreira Gullar, para Paulo Francis, para todos los que estaban allí con nosotros. Era un grupo el que estaba preso en el cuartel. Y nos llamaron para un ritual de rapado de cabeza, nos cortaron esos cabellos grandes que teníamos, delante de toda la tropa. En fin, la cosa era pesada, nosotros estábamos ahí, con los interrogatorios y todas esas cosas. "Eres comunista, no eres comunista".

Pero un día el sargento Juarez se acercó a la celda cuando yo ya estaba solo, porque el primer periodo lo pasé con todos los demás. Perfeito Fortuna era uno de nuestros compañeros de celda, todavía muy joven. También estaba Antônio Callado. Todo ese grupo. Y entonces el sargento Juarez llegó un día y me dijo: "¿Quieres que te traiga una guitarra?". Y yo: "¿Cree que sea posible?". Me respondió: "Voy a hablar con el comandante de guardia", que era un capitán del cual no recuerdo el nombre ahora. Entonces fue, habló con el capitán, volvió y me dijo: "Mira, hablé con el capitán, mañana te voy a traer una, me dejó". Y me la llevó.

Así, pude tocar guitarra y terminé componiendo tres canciones. La verdad... la verdad fueron cuatro, pero olvidé completamente una de ellas. Quedaron "Cérebro eletrônico", "Futurível" y una llamada "Vitrines". Son canciones seminales de mi trabajo, canciones que revelan una relación con la ciencia, con las tecnologías. No sé si revelan, porque antes yo ya había hecho "Lunik 9". En fin, ya tenía cierto gusto por esa cosa de la ciencia, de la especulación, de las nuevas tecnologías. Pero, de todas maneras, esas canciones robustecieron ese sentimiento en mí cuando salí de la cárcel y después. Hasta la actualidad, ¿no?

La experiencia de la cárcel, además de la guitarra y de las canciones que compusiste ahí, te llevó a descubrir el yoga y la alimentación macrobiótica. Fue algo que transformó tu manera de ver el

*mundo, de percibir las cosas. Incluso, eso
es algo que podemos notar en canciones
posteriores. Quería que hablaras un poco
de tu relación con la espiritualidad que
marca algunas de tus canciones, que
no necesariamente son canciones que
hablan de religión.*

El tema de la espiritualidad quedó realmente muy marcado en mi obra. Con "Tempo rei" y tantas otras canciones. Hasta hoy. Canciones como "Prece", por ejemplo, del último disco. En ella, con fragmentos más explícitamente relacionados a la religiosidad institucional cristiana. Y esa cosa de la búsqueda. La duda, lo desconocido, el fin sin fin de todas las cosas. Yo creo que aquel momento fue fundamental porque pude reflexionar mucho sobre aquellas cuestiones. Recuerdo que un día le pedí a Sandra, que era mi pareja en ese momento y que después se transformó en mi esposa, que me llevara un libro de yoga. Entonces comencé a hacer algunos asanas, algunas posiciones, y a entender lo que era la meditación, ya comenzando a esbozar ciertas prácticas de meditación y tal.

También me llevó un libro cuyo título era *Macrobiótica Zen*. A ella solo la dejaban visitarme los fines de semana, y eso solo después de un mes desde que había sido detenido. Entonces yo le comenté que había leído en una revista ahí, creo que en la revista *O Cruzeiro* o la *Manchete*, una de esas, que John Lennon con Yoko Ono habían estado en uno de esos locales de Ámsterdam donde las prostitutas se exponen en vitrinas. ¿Conoces esos locales? Son lugares interesantísimos. Y ellos hicieron algo que llamaron *bed-in*. Se quedaron unos quince días más o menos expuestos al público de Ámsterdam en una de esas vitrinas. Y el reportaje de la *Manchete* o da la *Cruzeiro* decía que una de las cosas interesantes que habían hecho era que habían implementado un sistema de alimentación macrobiótica. Un sistema que era originario de Japón, de un maestro llamado George Oshawa y tal.

Y eso me quedó dando vueltas en la cabeza. Macrobiótico, sistema alimenticio, John Lennon. ¡John Lennon! Cualquier cosa que él estuviera haciendo debía tener algún sentido. Entonces le pedí a Sandra que me llevara un libro, que averiguara si existía algún libro sobre macrobiótica. Y encontró uno que había sido publicado por la Asociación Macrobiótica de Porto Alegre, de Rio Grande do Sul, pocos meses antes. Se llamaba *Macrobiótica Zen* y explicaba el sistema, cómo se debe masticar, cosas sobre el arroz, los cereales, la soya, todo eso, salsa de soya, miso. Cosas de la cultura japonesa, ¿no?

Obviamente, en la cárcel no tenía forma de adoptar esa dieta, pero un día llamé al oficial responsable por la alimentación, por el abastecimiento de la cocina y le dije: "Quería pedirle que no me mandara carne. Que me mandara, ojalá, porotos, un poco avena y cosas así". Le pedí si podía buscar alguna forma para que yo pudiera comenzar a imitar un régimen macrobiótico. Dicho y hecho, pude comenzar. Cuando salí de la prisión fui a Salvador para hacer el disco con Rogério Duprat. Llamé a Duprat que estaba en São Paulo y le dije: "Ve si puedes traerme algunos ingredientes típicos de la macrobiótica. Anda ahí al Arroz de Ouro, en el Largo do Arouche, y compra algunas cosas para que me puedas traer". Me llevó arroz integral, cosas así, y comencé con la dieta propiamente en Salvador. Fue en la prisión que esas dos cosas, el yoga y la macrobiótica, aparecieron en mi vida. Recuerdo que fue una transformación, desde el punto de vista físico. Caetano siempre que se refería a eso decía: "Gil era una persona antes de la macrobiótica y ahora es otra".

¿Y tú crees que te transformaste en otro compositor también?

No sabría decirlo. No, porque el misterio de la música, la presencia encantada del alumbramiento musical, eso ya estaba y continuó conmigo después. Si tú tomas un disco como *Quanta*, por ejemplo, puedes ver que toda esa concentración del interés por la ciencia, por el arte, por las interrelaciones entre el arte y la ciencia aparecen de una manera muy nítida, ¿no? En un trabajo condensado como es el disco *Quanta*, de 25 canciones.

Son muchas referencias, ¿no?

Muchas. El candomblé, todo ese mundo relativo al alma. En fin, las relaciones entre el mundo anímico y el mundo de la *techné*, de la ciencia y todo eso. Entonces, sin duda, el periodo en la cárcel fue inaugural; digamos, iniciático para todas esas cosas.

*Es interesante ver que en ese periodo
las canciones que grabaste, tanto en el
marco de esa experiencia traumática
de la prisión como en el exilio, no
son canciones depresivas, ¿no? Por
el contrario, "Aquele abraço" es una
canción que hace referencia a la salida de
la cárcel, es casi una celebración.*

Saliendo del cuartel de Realengo y yendo hacia el edificio de la Policía Federal en el centro de la ciudad, el día en que nos liberaron, que era miércoles de ceniza, recuerdo que pasamos por la Avenida Rio Branco y vimos todas esas cosas que quedaban del carnaval, los motivos carnavalescos colgados en las paredes y tal. Vi todo eso: *"O Rio de Janeiro continua lindo, o Rio de Janeiro continua sendo..."*. La canción está directamente relacionada con eso, cuando salí y me encontré con los restos del carnaval en la Rio Branco y en la Getúlio Vargas.

Yo escuchaba la expresión *"aquele abraço"* con frecuencia en el cuartel. Los soldados continuamente se decían: *"Aquele abraço, aquele abraço"*. Y yo pensaba:

"¿Pero qué es 'aquele abraço'? ¿De dónde viene ese mote?". Un día le pregunté a uno de ellos: "¿Por qué a cada rato sueltan un 'aquele abraço' entre ustedes?". Y él me dijo: "Ah, es una frase famosa que repiten en la tele, en el programa de Lilico". Un humorista que en la época era famoso y tenía un programa de televisión; en fin, él tenía esa muletilla que era "aquele abraço".

Eso se me quedó en la cabeza e incluso llegué a saludar así a algunos soldados: "Oh, aquele abraço". Cuando salí, ese miércoles de ceniza, vi todo eso, cuando estaba siendo trasladado para Bahía, después de pasar por la Policía Federal. Empecé a escribir la canción en el avión y la terminé allá en Salvador.

Después escribiste una canción sobre el exilio, a tu vuelta, "Back in Bahia".

"*Como se ter ido fosse necessário para voltar / tanto mais vivo de vida mais vivida, dividida pra lá e para cá*". ["Como si haber ido hubiese sido necesario para retornar / tanto más vivo de vida vivida, dividida para allá y para acá".]

A Rita Lee le encanta, me dice: "Solo podías ser tú.
'*Vida mais vivida, dividida pra lá e pra cá*'. Eres loco".
Y yo le respondo: "Soy".

**¿Y cómo lidias con la espiritualidad y con
la cuestión de la existencia, de los ciclos?,
¿cómo lidias con la prisión y con el exilio?
En 1976, te tomaron detenido por porte de
marihuana. Hay una escena fantástica
del juicio en el documental Os Doces
Bárbaros, donde explicas la diferencia de
perspectiva entre distintas generaciones.**

Sí, mi declaración ahí frente al juez. Yo dije: "Mire,
la marihuana, por ejemplo, o el LSD, que también
había probado allá en Londres, fueron sustancias que
me ayudaron mucho en la introspección, ¿no?". Me
llevaron a todo ese campo de la especulación sobre
la trascendencia, el espíritu, el mañana, cómo es, qué
somos nosotros, cuerpo, alma, todas esas cosas. Y
también tuvieron un efecto en la música, porque la
marihuana tiene una cosa que hace clic en la interiori-

dad, en la llamada conciencia verbal, principalmente en la verbalización y tal.

Por lo menos para mí era así, era algo que realmente me posibilitó paseos más tranquilos por el campo de la música, la armonía, la melodía, el ritmo, o sea, es una cosa… No es por nada que reggae es así. Y la bossa nova también. Porque João Gilberto, todos lo saben, era un apreciador. Con toda certeza, no habría habido bossa nova sin marihuana. Es eso, un corazón y una mente que se vuelcan sobre esa función dadivosa que tiene el cannabinol y que permite comprender que aquello catapultó muchas cosas. Esa concentración, esa suavidad de João, aquella intensidad moderada de Bob Marley. En todo eso, sin ninguna duda, la marihuana jugó un papel importante.

Entonces, en el juicio, delante del juez, yo expliqué eso: "Mire, para mí es recreacional, claro, tiene esa función. Pero va mucho más allá, por yo haber encontrado en ella un elemento de tránsito hacia ese campo de la introspección, ese campo más interiorizado de la meditación. Es decir, me ayuda a entender las cosas, por qué se medita, para qué se medita". Yo tengo la impresión de que hasta el juez entendió.

Fue comprensivo, realmente lo fue. Él entendió que no era una niñería. Yo le daba un uso cuidadoso, lo hacía todo con cuidado, en el sentido de entender el beneficio que me entregaba y, al mismo, tiempo estar consciente de las consecuencias negativas. En un determinado momento, el cannabinol me empezó a producir una taquicardia muy fuerte y dejé de fumar por eso, cuando tenía unos cincuenta años.

Puede ser difícil definir esto, pero ¿tienes alguna canción que esté dedicada específicamente a este tipo de sensación? ¿Alguna canción que haya sido especialmente influenciada por ese tipo de efecto de la marihuana o del LSD?

No recuerdo alguna específica, porque fueron varias. Todo lo que acabo de decir aquí nos autoriza a entender que mi música tiene mucho de esa influencia. Incluso, tuve la osadía de atribuir a ella otros *insights* musicales. Hablé aquí de João Gilberto, ¿no? Entonces, no es algo banal, es algo serio. La marihuana es un asunto serio. Fue algo que me dio cierto sustento, digamos, respecto de esa posición que estoy revelando aquí, que estoy mencionando en relación con las drogas. Pero estoy ateniéndome a la marihuana, porque fue con la que más me relacioné.

Lo que me hizo descubrir, digámoslo así, o volverme más celoso de ese aspecto serio, de ese aspecto, en definitiva, científico, religioso de la marihuana fue el libro de Timothy Leary, *The Politics of Ecstasy*, que leí en Londres y donde él entrega un panorama general. Comienza con el LSD, porque él fue uno de los grandes, el primer gran incentivador del consumo de LCD. La gente de la Sandoz, de Suiza, le mandó una muestra. Fue así como comenzó su investigación, luego incluyó a estudiantes universitarios, a sus alumnos. Y el libro presenta una selección muy bien hecha de varias drogas. Parte con el LSD, después habla de la marihuana y llega a las drogas que él rechazaba, que él consideraba amenazadoras y destructivas, como la cocaína, la heroína, etc. Esa lectura de Timothy Leary me dio argumentos para sostener un discurso como aquel que presenté delante del juez en Florianópolis.

Esa discusión, y todo ese camino que realizó tu generación en relación con las drogas, en la actualidad presenta el desafío de las cuestiones morales que complican el debate.

Hay cuestiones morales y cuestiones sociales. Está la criminalización, todo el problema de la marginalización de una cantidad enorme de jóvenes por causa de esa criminalización. Todas las consecuencias negativas que trae aparejadas, no la subsistencia, sino que la criminalización. Todo ello no ha conseguido detener, no ha conseguido obstruir el proceso de comprensión de la importancia de esa sustancia para el mundo de la medicina y para el mundo recreacional también. Estamos pasando por un proceso de instrucción más nítido de las mentes en relación con la comprensión de ese lado benéfico que ellas tienen.

¿Pero tú no consideras que el hecho de tener un gobierno más conservador en términos morales no obstruye o dificulta un debate como ese y otros similares?

Yo creo lo siguiente: esos dinosaurios, esos conservadores que quieren asumirse como dinosaurios, serán destruidos por el avance natural de las cosas. Ellos no tienen... Quien insiste en posicionarse contra la corriente de la historia, del deseo, del descubrimiento, de la invención, de la investigación humana, del desarrollo del individuo contemporáneo, no tiene cómo no perder frente al avance natural de las cosas. Ahora tenemos que preocuparnos por ellos, mientras están ahí intentando entorpecer nuestra vida. Pero, en términos de futuro, en términos de progresión natural, la ley de los rendimientos acelerados de Kurzweil y tantos otros científicos... Los rendimientos se están acelerando, los rendimientos propiciados por la ciencia, por la introspección.

La unión que se está consiguiendo entre ciencia y religión, el mundo cuántico, el descubrimiento de la mecánica cuántica, el principio de la incerteza con el descubrimiento de que las partículas, las micropartículas, las partículas ínfimas de la materia existen y no existen al mismo tiempo, que depende de cómo nos posicionamos... Nuestra vida, en definitiva, es eso. Es creación permanente a partir de nosotros mismos. Yo creo que todas esas cosas son irreversibles, están ahí porque ellas llevan a eso. Todo es mecánica cuántica, todo es ciencia moderna. Es Einstein, es Planck, es Heisenberg. Es eso.

Las células fotoeléctricas abren las puertas automáticas antes de que lleguemos hasta ellas con tanta precisión que ya perdimos el miedo a que no se abran. Antes igual éramos un poco recelosos. "¿Será que se van a abrir?". Ahora no, ahora vamos y venimos, sabemos que se van a abrir... Esa automatización propiciada por la microdimensión de la materia... En fin, nada sacan los conservadores y los reaccionarios queriendo luchar contra eso, porque es una batalla perdida. Involucra a la economía, al progreso en su conjunto, ¿no? El transporte, la medicina, el campo que imagines depende de eso, depende de esa progresión cada vez mayor del encuentro entre la ciencia, las religiones, las costumbres, los modos, la apertura, la libertad, el respeto al prójimo. Entonces, no sirve de nada posicionarse en contra. Está bien, estás en contra de eso, ¿y luego?

Pero hay cuestiones como la Amazonia.

Sí, pero es eso. Ese es un buen ejemplo. ¿Qué inspira la Amazonia hoy en día al mundo? ¿A los científicos, a los políticos responsables, a los jóvenes militantes responsables? ¿Qué inspira? Inspira eso, la necesidad, una noción de cuidado, una noción de pertenencia. Todos pertenecemos a la naturaleza. Es necesario tener esa noción frente a los avances tecnológicos que nos van a llevar al hipercomputador y a la inteligencia artificial, que va a superar a toda la inteligencia cerebral dentro de, máximo, 50 años. En fin, a la par de todo eso está la naturaleza, el conocimiento de los indígenas, de los pueblos originarios, que es necesario preservar.

Todos saben que la Amazonia hoy es eso, no se trata solo de quemar la tierra para poder abrir terreno para plantar soya o cualquier otra cosa. Tú ves que, en este momento, quien se está posicionando muy en contra de las posturas retrógradas del gobierno brasileño es la agroindustria. Ellos saben que las cosas están avanzando hacia el futuro. Dentro de poco la cuestión de la carne, del ganado, de las vacas, dentro de poco la carne artificial va a estar muy presente. Ya son varios los proyectos de la biotecnología en relación con eso.

El petróleo se va a acabar, va a ser reemplazado por nuevas energías. Eso ya está pasando, ya se puede ver en la actualidad. Tú vas a Austria y ves los nuevos molinos de viento captando aire para generar energía eólica, las placas de energía solar... Entonces, esa gente no saca nada insistiendo en que tenemos que volver al siglo XVII. Eso no va a pasar. La flecha del tiempo está indicando que es para adelante, no para atrás. No se vuelve al pasado; todos tenemos la posibilidad de avanzar hacia el futuro. El futuro es, en esa triada, en el eje de esa ecuación de presente, pasado y futuro, lo que determina el avance, el conocimiento, la apertura, la duda permanente de la cual se nutre la ciencia. Es eso. Yo no estoy preocupado por esa gente.

Ya estamos llegando al final, pero antes quería que hablaras un poco sobre una de las composiciones que hiciste ya en este siglo y que es una de tus canciones más distinguidas: "Não tenho medo da morte". ¿Cómo fue compuesta?

Cuando era ministro de Cultura fui a un evento en Sevilla, España, con varios pensadores y científicos. Ahí estaba António Damásio, que es un neurocientífico muy importante, John Perry Barlow, que murió hace poco... Era un debate sobre esto que acabamos de hablar; los avances de la *techné*, los grandes descubrimientos sobre el cerebro, la plasticidad cerebral y todas esas cosas, la neurociencia, la biotecnología... Todos esos temas. Era un encuentro sobre eso. Y la cuestión de la longevidad, de la supervivencia. Incluso la permanencia eterna del ser humano en estado vital fue uno de los asuntos tratados, una de las cosas que durante tres días estuvimos debatiendo y conversando.

Cuando volví al hotel, una noche después de los debates, Flora se fue a dormir y yo me quedé en la mesita de la sala de la habitación, ahí me vino ese poema a la cabeza. Se me presentó entero, así, en media hora ya lo había terminado. Cuando volví a Brasil, llamé a mi hijo Bem y le dije: "Mira, tengo este texto y quiero que me ayudes a hacer una canción". Entonces, él programó unas cosas en el computador y yo ahí fui cantando, inventando, así, en el momento.

Y poco a poco fue surgiendo esa versión, que ya está más trabajada:

"Não tenho medo da morte / Mas sim medo de morrer / Qual seria a diferença / Você há de perguntar / É que a morte já é depois / Que eu deixar de respirar / Morrer ainda é aqui / Na vida, no sol, no ar / Ainda pode haver dor / Ou vontade de mijar / A morte já é depois / Já não haverá ninguém / Como eu aqui agora / Pensando sobre o além / Já não haverá o além / O além já será então / Não terei pé nem cabeça / Nem fígado, nem pulmão / Como poderei ter medo / Se não terei coração? / Não tenho medo da morte / Mas medo de morrer, sim / A morte e depois de mim / Mas quem vai morrer sou eu / O derradeiro ato meu / E eu terei de estar presente / Assim como um presidente / Dando posse ao sucessor / Terei que morrer vivendo / Sabendo que já me vou / Então nesse instante sim / Sofrerei quem sabe um choque / Um piripaque ou um baque / Um calafrio ou um toque / Coisas naturais da vida / Como comer, caminhar / Morrer de morte matada / Morrer de morte morrida / Quem sabe eu sinta saudade / Como em qualquer despedida".
["No le temo a la muerte / Pero sí a morir / Cuál sería

la diferencia / Tú has de preguntar / Pasa que muerte ya es después / Que yo deje de respirar / Pero morir es aquí / En la vida, bajo el sol, al aire / Incluso puede haber dolor / O ganas de orinar / La muerta ya es después / Ya no, nadie más habrá / Como estoy aquí ahora / Pensando en el más allá / Ya no habrá más allá / O el más allá será aquel momento / No tendré pies ni cabeza / Ni hígado, ni pulmón / Cómo podría tener miedo / Si no tendré corazón / No le temo a la muerte / Pero a morir, sí / La muerte es después de mí / Pero quien va a morir soy yo / En mi acto final / Yo tendré que estar presente / Así como un presidente / Entregando el cargo al sucesor / Tendré que morir viviendo / Sabiendo que ya me voy / Y en ese instante sí / Sufriré, quién sabe, un choque / Un ataque o sobresalto / Un escalofrío o un toque / Cosas naturales de la vida / Como comer, caminar / Morir de muerte matada / Morir de muerte muerta / Quién sabe sienta *saudade* / Como en cualquier despedida".]

ENTREVISTA 2
Por Ana Paula Simonaci, Leonardo Lichote,
Paulo Almeida y Sergio Cohn, octubre de 2020

Gil, ¿cómo es tu cotidianidad en este
contexto de aislamiento social por la
pandemia? ¿Has conseguido mantener
cierta disciplina? ¿O los días pasan sin
mucha planificación?

Ah, es un proceso de adaptación gradual a las dimensiones más importantes de esta situación actual. Primero, el aislamiento social, que es una dimensión complicada para muchos, pero no tanto para mí. Yo me adapto bien al aislamiento, a estar más alejado de la vida social. Pero también está el tema de los cuidados, los protocolos. La disciplina en ese sentido, lavarse las manos siempre después de volver de la calle, habiendo salido quizá para ir al dentista o para hacerte un examen de COVID-19. En fin, toda esa estructura de convivir con la amenaza del contagio. Eso fue algo bien importante. El otro desafío era cómo ocupar el tiempo estando en la casa. He leído once libros desde mayo a la fecha. Viajé dos veces, salí tres veces de aquí de Copacabana para ir a Araras, especialmente en junio, cuando grabé el programa para la televisión francesa allá en Araras, y después para el *live* de São João, para mi cumpleaños.

Los primeros meses fueron bien difíciles, desde el punto de vista sicológico. Los dos primeros meses. Porque recibíamos noticias de las muertes en Italia, en España, lo que creaba mucha aprehensión. Luego la situación llegó a Brasil y a Estados Unidos. Se informaba sobre la agonía de los internados, de la gente mayor y el tema de oxígeno. Todo ese lado de los hospitales en contexto de pandemia fue muy angustiante los dos primeros meses. Después como que nos acostumbramos a eso.

Yo mencioné que el aislamiento en sí, el hecho en sí de estar aislado no fue exactamente una gran dificultad para mí, porque yo ya no salgo tanto. Estos últimos años los he pasado... a no ser cuando tengo que viajar para hacer algún *show* afuera, los he pasado más en casa. Paso mucho tiempo en casa, soy muy de estar en la casa. Entonces, ya estoy bien adaptado al tema de los horarios, a cómo administrar las horas. Cuál es el momento para ver televisión, cuál es el momento para leer, cuál es el momento para tocar guitarra. Todas esas cosas ya estaban en mi "mapa".

¿Y esa rutina es estricta?
¿Tienes horarios para despertar,
para hacer ejercicio, para comer?

En general, al mediodía con Flora hacemos una sesión de ejercicios de yoga y algunos ejercicios suaves para los músculos. El tiempo como que está muy abierto, ¿no? La separación entre el día y la noche ya no es tan clara. Porque uno no tiene que cumplir horarios fuera de casa durante el día o la noche, entonces todo es como un continuo. Hubo momentos en que me quedaba hasta las tres, cuatro, cinco de la mañana leyendo en la cama, después de haber pasado dos, tres horas viendo televisión. Vi mucha tele en los horarios de los noticiarios, en los horarios más específicamente periodísticos. En fin, entre las seis de la tarde y la medianoche, veía mucha tele y después de la medianoche me ponía a leer. Y me quedaba leyendo hasta tarde. Durante el día tocaba más guitarra. En la tarde, me quedaba básicamente tocando guitarra, improvisando mucho en la guitarra. No tenía muchas ganas de componer canciones y no me dediqué prácticamente nada a la composición, más que nada improvisaba series armónicas y cosas así.

Mencionaste que leíste mucho. ¿Qué leíste en este tiempo? Más bien, ¿qué fue lo que más te interesó de esas lecturas? ¿Cuáles fueron los libros que más te provocaron?

Leí más sobre ciencia; libros sobre astronomía, física, química, física cuántica. Leí sobre los experimentos de la ciencia alemana durante el nazismo, sobre la construcción de la bomba atómica, toda la guerra por construir la bomba atómica primero. Los proyectos alemanes, los proyectos ingleses y norteamericanos. Eso es algo que vengo estudiando hace mucho tiempo. Tengo un gran interés por la ciencia y la tecnología. Entonces, fue una oportunidad para profundizar mínimamente en el estudio de esos temas.

*Con la editorial Revistas de Cultura
acabamos de publicar un libro de Mário
Schenberg, que fue un importante físico
y crítico de arte, un buen amigo tuyo. El
ensayo se llama* **Arte y tecnología**.

¡Qué interesante! Mário Schenberg jugó un papel muy importante en mi disco *Quanta*. El primer evento de difusión del disco que hice fue exactamente una conferencia en la Universidad Estatal de Campinas, donde él vivía, ya jubilado. Él me abrió las puertas de la universidad. Fue una conferencia bien interesante sobre arte y ciencia. *Quanta* abre con una canción llamada "Ciência e arte", de Cartola y de Carlos Cachaça; un samba-enredo para un desfile de la Escuela de Samba de Mangueira en los años cincuenta. Bien al principio de la década, 1951, 1952... Y el samba habla de César Lattes y todo eso. Entonces, Mário fue bien importante en la época en que yo estaba preparando el disco.

Y ya lo había sido antes, ¿no? Jorge Mautner me lo presentó cuando yo estaba haciendo el *Dia dorim noite neon*, donde ya había una especie de previa de lo que vendría a ser el *Quanta*. Visité a Mário unas dos o tres veces en su casa. Conversábamos mucho. Además del interés científico, estaba toda la cuestión de su compromiso político-ideológico. Fue él quien me incitó a hacer la canción para Sudáfrica, en ese momento crucial de la lucha anti-*apartheid*: "Oração pela libertação da África do Sul".

Mário discutía todas esas relaciones entre indígenas brasileños, indígenas africanos, indigenismo afrobrasileño, todo ese panorama amplio. Mário fue muy importante para mí. Fue un mentor intelectual, entre otros, de Jorge Mautner, por ejemplo. Un artista muy cercano y con quien compartimos muchas cosas; ideas, canciones que tratan de perspectivas sobre la vida, sobre el mundo, sobre filosofía, sobre todo eso.

El interés por la ciencia y la tecnología te acompaña desde la década de 1960. En tu primer disco está la canción "Lunik 9", después vino "Cérebro eletrônico" y así muchas otras. Es una preocupación que te acompaña en tu música de una manera muy presente.

Efectivamente. Fue algo que se quedó en mí, un interés residual de la infancia que surgió en la época de la guerra. Yo nací en 1942, en plena guerra, en el auge de esas cuestiones básicas que se daban en la disputa entre aliados y el nazismo. Mi padre siempre estuvo muy atento a esas cosas, especialmente a las cuestiones del campo de batalla, a las disputas propiamente entre los ejércitos y los armamentos. Él estaba suscrito a dos revistas especializadas en el tema de la guerra. Eran revistas que hablaban de los armamentos, de los *destroyers*, de los submarinos, de los aviones de caza, de los tanques de guerra. Y yo alcancé a vivir uno o dos años del auge de la guerra mirando esas revistas, hojeándolas, encantado con todas esas cosas, esos armamentos.

Inmediatamente después vino la bomba en Japón, las bombas atómicas y todo eso. Entonces, por eso me referí a ello. Cuando llegué a la adolescencia, a la preadultez, ya en función de haber incorporado varios otros intereses a mi vida, incluso la música, volví a reflexionar sobre eso y me referí a ello como un "residuo de la infancia". Y ese residuo me llevó al interés por la tecnología, la ciencia... Tanto es que cuando lanzaron el Sputnik yo ya estaba meditando sobre esas cosas. Cuando el Lunik se transformó en el primer artefacto, propiamente, de esos importantes que fue a la Luna, escribí la canción "Lunik 9", tratando de dar cuenta de una cierta visión romántica sobre la Luna, sobre el pasado, sobre la función de la Luna en el campo subjetivo del individuo, en la subjetividad humana. Y queriendo unir todo eso al campo de la ciencia, pensando en el cohete que había llevado ese artefacto a la Luna.

Esa fue la primera experiencia de canalización del interés científico, concretamente, en canciones, ¿no? Después se fueron sumando "Cérebro eletrônico", que hice cuando estaba en la cárcel, y "Futurível", que también hice en la cárcel.

Mário Schenberg tiene otra cosa interesante, muy hermanada con algo que veo en ti también, que es esa unión del pensamiento occidental con el oriental, ¿no? Él tiene una faceta científica, pero también tiene un lado zen. ¿Cómo ves eso? ¿Tú conversabas

*con él sobre eso? ¿Intercambiaban
pensamientos en ese sentido?*

También. Sobre los Vedas y toda la fuerza de la
filosofía hindú y las grandes sociedades esotéricas
con origen en la India y ramificaciones en Europa. El
propio nazismo tiene una base fundamental en esa
cuestión de la Sociedad Thule, que era una sociedad
iniciática, una sociedad secreta. Ella influenció no
solo a Hitler, sino que a toda la cúpula principal, a
todo el grupo principal del Partido Nazi. Entonces,
conversábamos mucho sobre todas esas cosas.

*¿Cómo ves el concepto de guerra?
Porque tu naturaleza es una naturaleza
pacifista. La percepción que tenemos
de ti es que eres un ser pacífico. Y la
guerra, tú dices, que aparece como un
interés en tu infancia y que pasaba
por una sed de conocimiento. Mucha
gente pacífica reconoce la importancia
de la guerra o de la dinámica de la
guerra, o bien la manera como esta es*

intrínsecamente humana y cómo ella, objetivamente, hace que la tecnología avance. Propone avances tecnológicos que después son aprovechados, muchas veces, para mejorar la calidad de vida de las personas. Me gustaría que hablaras un poco de tu mirada sobre la guerra a partir de esa fascinación que viene desde la infancia.

La guerra es una brutalidad, es un monstruo, ¿no? Es la fiera salvaje que habita dentro del ser humano y que se manifiesta cada tanto, a través de esa descarga brutal de energía acumulada. La guerra es solo eso. Históricamente ha sido una de las principales formas de actuar del ser humano, de la sociedad humana. Las conquistas de territorios, las conquistas de materias primas estratégicas en otros territorios distantes, en fin. Como tú dijiste, todo eso junto a un impulso natural de la técnica, de la *techné*, de la construcción de artefactos de todo tipo. Artefactos y mentefactos. Todas las guerras trabajan con eso, tienen esa función, entonces no la podemos ignorar.

Tenemos que considerar el hecho de que, hasta hoy, todas las sociedades humanas tuvieron en la guerra una de sus principales fuentes de descarga de energía creativa. Energía creativa para la destrucción. Crear para destruir. Y todo eso también es fascinante desde el punto de vista de los opuestos. El punto medio exacto está en la igual posibilidad de los extremos. Por tanto, la guerra es un extremo al cual la humanidad recurre siempre y, del otro lado, los pacifistas recurren a todas esas otras formas de apaciguamiento de la mente humana, del corazón humano. Y es natural, la guerra y la paz. *"Só a guerra faz nosso amor em paz"*.

Antes mencionaste que no estabas componiendo. ¿No compusiste nada en este periodo?

Compuse una canción para la serie de Andrucha Waddington, *Sob pressão*[8], donde la historia se desarrolla en un hospital. Fue una canción que hice con Ruy Guerra para la banda sonora de los dos últimos

8. Serie producida por la TV Globo y Conspiração Filmes (2017-2020).

episodios de *Sob Pressão*, que trataban justamente del
COVID-19, ¿no? Fue la única canción que compuse.
Con Ruy Guerra hicimos los versos y yo hice la música.
Y Chico Buarque grabó conmigo, porque Andrucha en
un principio le había encargado la composición a él.
Andrucha le encargó a Chico que hiciera una canción
con Ruy Guerra. Quería que Ruy y Chico trabajasen
juntos, pero Chico lo descartó. Dijo: "Hablen con Gil.
Díganle a Ruy que vea el tema con Gil. Después yo gra-
bo la canción cuando esté lista". Y así fue como se hizo.

*Es curioso que hablamos tanto de guerra
que incluso apareció el nombre de Ruy
Guerra, ¿no? Solo para decir una cosa
más sobre la ciencia, ¿cómo ves esos
ataques que está sufriendo actualmente,
toda esa relativización del saber
científico por el que estamos pasando, ese
oscurantismo que está surgiendo? ¿Cómo
has acompañado esa discusión?*

Eso es flor de un día. La ciencia ya domina el destino del ser humano. No hay futuro sin ciencia. Eso

es imposible. Todo el provecho que hoy es posible sacarle a la vida moderna, a la vida contemporánea en diferentes sentidos, viene de la ciencia. Esto que estamos haciendo ahora, ¿no? Ese provecho que estamos sacando ahora de poder obtener imágenes a distancia, en fin, esa nueva manera de comunicarse que internet creó. Todo eso es ciencia, viene exactamente de los grandes descubrimientos científicos de finales del siglo XIX, inicio del siglo XX. La relatividad, la mecánica cuántica, todas esas cosas.

¿Cómo vamos a desprendernos de eso ahora? De esos avances. Todo; el conocimiento sobre las estrellas, sobre las galaxias, la nanotecnología, la biotecnología. ¿Cómo vamos a descartar todas esas cosas? No hay manera. La ciencia, la medicina, las formas humanas de cuidar de la propia persona se benefician de las ciencias, de las técnicas. Es imposible descartar a la ciencia. El oscurantismo es una reacción bruta contra el sentido iluminista que presenta la ciencia.

La cuestión ahora es cómo dotar a la ciencia de los mecanismos para su propia regulación, para su propia domesticación, para su propia posibilidad de encaminamiento hacia un futuro sin eventos terribles. Esa es la cuestión, evitar esos eventos. Evitar las bombas.

Pero si en el largo plazo la ciencia ya se afirmó, a corto plazo el oscurantismo igual ha logrado conseguir algunas victorias, ¿no?

Por eso dije aquello anteriormente. Esa condición provisoria de la adopción de la violencia como una forma de convencimiento, como una forma de sumisión del ser humano... Esa es la vieja lógica de los señores de la guerra, ¿se entiende? De la guerra económica, de la guerra cultural, de la guerra propiamente militar. Son guerras construidas para disfrazar el hecho de que nosotros ya estamos entregados a un desarrollo tecnológico que avanza, que avanza, que avanza y va a continuar avanzando. Y no hay forma de escapar de ello.

¿Y la cuestión institucional de Brasil en la actualidad? El desmantelamiento institucional por el que estamos pasando,

como el fin del Ministerio de Cultura[9].
¿Cómo estás viendo ese tema?

Es más provisorio todavía que lo que estábamos hablando. Todo eso se va a solucionar con un simple proceso de sustitución de la élite en el poder. Quiero decir, es la propia rueda de la democracia con sus alternancias en el poder la que se encarga de ello. Eso no será duradero. Solo dura mientras parece contribuir al desarrollo de la sociedad humana. En el momento en que se comprende claramente que es todo lo contrario, que es oscurantismo, que es un retroceso, entonces nuevamente toma lugar la racionalidad progresista. Ella vuelve a ese lugar. Entonces, ese tema realmente es temporal. La extrema derecha en el poder es algo pasajero.

Ahora, ¿algo te preocupa? ¿Algo que
quizás no estamos conversando aquí?
¿Algo te preocupa de la configuración del
mundo en la actualidad?

9. En 2019, bajo el gobierno de Bolsonaro, el ministerio fue rebajado a la categoría de secretaría.

No, no. Por eso que estamos hablando. Hay cierta tranquilidad de mi parte en relación con todo eso. Quiero decir que el juego de los opuestos es natural. Entonces, en un determinado momento tú estás en un extremo y, en otro momento, en el otro extremo. Eso lleva a la búsqueda de la configuración del camino intermedio, el del medio. Vas encontrando el término medio en todos los campos de actuación de tu vida. El camino intermedio pasa a ser una salida natural, un desenlace natural.

Y todo a partir de un principio básico, que es el de la mortalidad, de la finitud. Es decir, todo empeño humano se da en el sentido de la neutralización de esa posibilidad de finitud. Y ello implica siempre pensar en que "el futuro es lo que importa". Lo que está allá adelante es lo que importa. El perfeccionamiento de la condición humana es lo que importa, la preparación de la condición humana para ocupar el universo, que es el gran anhelo, el gran deseo, el gran propósito de la inteligencia.

Jorge Mautner siempre cita la frase de Jean-Paul Sartre que dice que lo que le importa al ser humano es la conquista de la muerte y la conquista de las estrellas.

Justamente. Con los avances cada vez más nítidos de la ciencia, de la técnica, de la racionalidad, del control sobre las cosas... La aparición del computador, por ejemplo, fue una cosa auspiciosa en el mundo. Todo lo que el ciberespacio nos trajo, las grandes conquistas de la electrónica. El asunto es que los científicos son tranquilos, ellos trabajan sin hacer ruido, trabajan en silencio. Incluso, para evitar ser manipulados por los señores de la guerra. Entonces, son cuidadosos, son dedicados, son profundamente dedicados.

Es cosa de ver el tema de la pandemia, para dar un ejemplo medio superficial entre la profundidad que significa el individuo de ciencia, de la técnica. Los médicos y los investigadores han estado trabajando calladitos para buscar el remedio, dar con la vacuna, dar con el conocimiento más adecuado sobre el virus, sobre cómo él actúa. Dándose un diálogo incluso amistoso, yo diría, de los científicos con el virus. Esa discusión, esa cosa de considerar al virus como un aliado para el propio *enlightenment*, para la propia iluminación de la mente, del corazón, del conocimiento, y todo eso. Eso es justamente la función del científico. Trabaja en eso y no deja que lo alcancen esas ambiciones inmediatistas de los señores de la guerra, de los oscurantistas. El científico está ocupado en eso. Sabe que aquí está sujeto a la finitud, pero él busca una infinitud más allá de él. A eso se dedica.

¿Y el artista?

A lo mismo. La ciencia es arte.

El tema de la finitud y la forma como lidias con la ancestralidad es una manera de vencer a la muerte, ¿no? Porque tú juegas para adelante y para atrás con la ancestralidad. Eso queda de manifiesto, por ejemplo, con la reciente grabación del EP con tu nieta Flor, allí hay una continuación. O en los trabajos con el propio Bem Gil...

Justamente. Esa es la función de la procreación, ¿no? Esa es la función de la extensión de cada uno de nosotros, de nuestras individualidades que se extienden a partir de los hijos. A partir de la producción de todo, incluso de eso, de la producción en una dimensión biológica... es la confirmación. La reproducción tiene un papel importantísimo. Entonces, cuando llegan los hijos, los nietos, la sensación que uno siente en el corazón es como una coronación de todo. Uno se siente coronado.

Entonces, surge una especie de resignación respecto de la muerte. Aparece un sentimiento de paz respecto de la extinción. Esas cosas que, en cierto grado, parecen insoportables pasan a ser vistas con otra perspectiva. Ves a tus hijos ahí haciendo sus cosas, a tus nietos haciendo sus cosas, a los nietos de los demás, a los bisnietos, a todos... Cuando ves ese proceso de procreación en marcha, te quedas más tranquilo, tú ya sabes que, listo, el haber estado aquí ya tiene un significado. Estar aquí hasta cuando sea necesario, hasta cuando la vida lo determine.

Y ese trabajo de extensión de la duración de la vida, trabajo del cual la ciencia y el conocimiento se ocupan. En fin, los saberes tradicionales sobre esa planta que usa el indígena en la selva y que uno de sus sueños le dijo que era buena para eso, para eso otro, que es curativa en este y en este otro sentido… El conocimiento que viene desde varias fuentes, todo aquello es tranquilizador. Así sabemos que estamos aquí cumpliendo nuestra misión, todos nosotros. Y en el momento en que la vida quiera decirnos que se acabó, se acabó. Y continuaremos estando; la conciencia solo va a migrar a otras configuraciones.

Las micro, micro, micropartículas de todo volverán a reunirse de otra forma, en otras configuraciones, en otras densificaciones, ¿no? Es como digo en la canción "Futurível":

"Você foi chamado, vai ser transmutado em energia / Seu segundo estágio de humanoide hoje se inicia / Fique calmo, vamos começar a transmissão / Meu sistema vai mudar / Sua dimensão / Seu corpo vai se transformar / Num raio, vai se transportar / No espaço, vai se recompor / Muitos anos-luz além / Além daqui / A nova coesão / Lhe dará de novo um coração mortal // Pode ser que o novo movimento lhe pareça estranho / Seus olhos talvez sejam de cobre, seus braços de estanho / Não se preocupe, meu sistema manterá / A consciência do ser / Você

pensará / Seu corpo será mais brilhante / A mente, mais inteligente / Tudo em superdimensão / O mutante é mais feliz / Feliz porque / Na nova mutação / A felicidade é feita de metal".

["Fuiste llamado, serás transmutado en energía / Tu segunda estadía de humanoide hoy se inicia / Quédate tranquilo, vamos a comenzar la transmisión / Mi sistema va a cambiar / Su dimensión / Su cuerpo se va a transformar / En un rayo, se va a transportar / En el espacio, se va a recomponer / Muchos años-luz después / Después de aquí / La nueva cohesión / Te dará de nuevo un corazón mortal // Puede que el nuevo movimiento te parezca extraño / Tus ojos tal vez sean de cobre, sus brazos de estaño / No te preocupes, mi sistema mantendrá / La conciencia del ser / Tú pensarás / Tu cuerpo será más brillante / La mente, más inteligente / Todo en una superdimensión / El mutante es más feliz / Feliz porque / En la nueva mutación / La felicidad está hecha de metal".]

Es eso. Es decir, tú puedes ser reconfigurado. Toda esa dimensión que tienes aquí y ahora, aparentemente bajo tu dominio absoluto, esa condición física debe desaparecer en un determinado momento para dar lugar a otra configuración.

Pero esa tranquilidad, esa seguridad, esa paz que entrega la presencia de los hijos y nietos, esa sensación de deber cumplido de la que hablas ¿no enfría un poco el deseo de crear, el deseo de continuar creando? ¿Qué es lo que hace que el artista quiera continuar?

Lo depura, va depurando el instinto creador, ese instinto creativo. Va modelando ese instinto hacia una dimensión más adecuada para esa nueva mentalidad a como tu mente, el conjunto de tus sentimientos y pensamientos se configuran en la actualidad. Es todo lo contrario a enfriarse, es una depuración de la faceta creativa. Es una depuración realmente. Tú vas transformando cantidad en calidad. Es eso que dicen que un gramo de uranio puede transformarse en una infinidad de electrones, en fin, de energía. Es el caso de la bomba atómica y de todas esas otras cosas. Lo pequeño se va haciendo inmenso, lo que es más chico se va haciendo más grande. Se hacen menos cosas, pero con más densidad, con más intensidad. Se va depurando el instinto creador y creativo.

Estaba pensando ahora que hay algo muy nítido en tu música: ella estimula la reflexión. Muchas veces, ella es un **statement,** *hay una idea que se pone sobre la mesa. ¿Cuándo te diste cuenta de que la música era una plataforma, un vehículo posible para el pensamiento, para la transmisión de ideas, no solo esa idea de belleza, de melodía, de amor o de sentimientos? ¿Cuándo surge esa construcción de un pensamiento casi filosófico o metafísico a partir de la música?*

Fue cuando comencé a entender que la música era una forma de expresarme, un forma de expresar toda la complejidad que me constituye. Cuando descubrí que la música podía ser un espacio donde desaguan diversos flujos, varios afluentes de pensamientos y sentimientos y comprensiones e incomprensiones... misterios, en fin. Para poder hablar de esos misterios, de lo inalcanzable, de la agonía que nos invade cuando no podemos alcanzar el perdón, cuando no podemos alcanzar esas cosas que son fundamentales para que podamos realizarnos.

Entonces, haciendo canciones, operando musicalmente, vas descubriendo que puedes hablar de todo. Y no solo puedes, sino que debes hablar de todo. Una canción debe ser un instrumento para la manifestación de la complejidad general que habita en ti y, ya que tú eres semejante a los demás, habita también en ellos. De ahí viene esa necesidad de comunicar a los demás tus propios descubrimientos, tus propias grandes dudas, tus grandes sentimientos como el amor, en sus más variadas formas.

Esto pasa a ser un ingrediente básico de la composición, todo el tiempo, y entonces dejas de estar obligado a hacer solo canciones de amor. Ya no estás obligado a nada. Una canción sobre misterio puede ser una gran manifestación, una gran declaración de amor por una persona o por miles o millones de personas. Solo estás sujeto a la integralidad de aquello que eres.

A tu ser integral con todas las manifestaciones que surgen de todos lados.

Para entender la figura del compositor dentro de esa manifestación de integralidad, hay dos despertares que me parecen fundamentales: el despertar del sexo y el despertar de la muerte. ¿Cómo ves eso en tu vida?

Mencionaste el despertar del sexo. El silencio del sexo es otro despertar. Antecede, debería anteceder, en el caso de los seres humanos maduros, de los seres humanos ya vividos, a la finitud. Debería ser un despertar necesario antes del despertar para la finitud. ¿Se silencia al sexo, porque el sexo es qué? El sexo es el gran mecanismo de la creación, de la reproducción. Es la voluptuosidad en el multiplicarse, la voluptuosidad por estar ahí, en otros. Tú mismo desdoblado en otros cuerpos. Ese fluir es la base de la conciencia profunda del sexo. El sexo, profundamente hablando, es eso. Entonces, llega un momento en que todo ese asunto de la misión cumplida, ese apaciguamiento de las cosas, de las metas ya alcanzadas, hace que el sexo sea silencio.

Todo eso parece bien fuerte, e incluso asustador. Tanto el despertar del sexo como el despertar del silencio del sexo...

Exactamente. Eso es asustador para mí como es para todo el mundo. Nos asustamos, pero al mismo tiempo sientes "¡qué manifestación extraordinaria!", qué confirmación, qué extraordinaria afirmación que es el sexo para tu ser, para tu condición humana, para tu individualidad incluso. El sexo es eso; una afirmación de la individualidad para que se dé la continuidad de ese placer de vivir que el sexo presenta con una fuerza extraordinaria.

Así sentí el descubrimiento del sexo. Evidentemente que en aquellos instantes iniciales no tenía ese grado de elaboración consciente sobre lo que el sexo era. Todo era una sorpresa extraordinaria, que también traía algunas amenazas, ¿no? Venía con una gran explosión de placer, pero al mismo tiempo aparecían amenazas y la sospecha de que ello podía agotarse. En un determinado momento debería agotarse esa forma de transformación de vida en energía. ¿Qué otras formas de energía estarían reservadas para el futuro?

Todo aquello aparecía ahí, en esos primeros momentos de la vida sexual. Pero todo lleva a lo que estaba comentando, a pesar de toda esa explosión del léxico sexual, en un determinado momento, comienzan a desaparecer las palabras al respecto. Viene el silencio. El desaparecimiento de una gramática del sexo. Ya no necesitas de más verbos, sustantivos, adjetivos, adjetivación del sexo. Con su verbalización todo eso desaparece, va dando lugar a otra cosa. Allá en los confines del universo, ¿cómo será esa cuestión de la sexualidad?, ¿existirá?

Tú tematizaste la muerte siendo joven,
con "Ele fala nisso todo dia" y
otras canciones.

"A morte é rainha sozinha / Não precisa do nosso chamado / Medo / Para chegar" ("A morte").
["La muerte es una reina solitaria / No necesita de nuestro llamado / El miedo / Para llegar"].

Ahora, sobre el sexo, ¿cuál crees que es la canción que mejor expresa esa energía? ¿"Sonho molhado"?

"Sonho molhado" es un guiño a eso, ¿no? Pero, mira, la verdad no sé. Necesitaría revisar así rápidamente mi repertorio para saber. Hay muchas. Están las canciones que hice más directamente, objetivamente relacionadas a personas, figuras, a mujeres que me imantaron energéticamente. Y no solo mujeres, hombres también. Está todo eso de los lenguajes a través de los cuales la sexualidad se expresa. Lo que tal vez cause una especie de extrañeza es el hecho de que yo soy tranquilo, soy muy suave para expresarme, ¿no? Yo escojo las formas suavizadas, más etéreas de expresar aquello que las personas esperan ver de una forma más bruta. El brutalismo de la sexualidad. Pero yo siempre escogí las formas más amenas, su léxico, sus sabores más etéreos, sus perfumes más suaves.

Mencionaste que había canciones para mujeres y para hombres. ¿Hay alguna

*que haya sido inspirada directamente en
un hombre, en ese sentido?*

En un sentido así de impacto sexual, no, pero tengo
varias que hablan de un impacto afectivo profundo
por hombres. Está "Pai e mãe", "Ele e eu", que es una
canción que hice para Caetano, en el disco *Expresso
2222*. Hay varias.

*Estaba recordando ahora el texto que
hiciste para Jorge Mautner. Tú dices
que "Chega de saudade" era la expresión
del individuo de aquella época, de la
década de 1950; que "Tropicália" lo era
de la persona de la década de 1960, y
que "Maracatu Atômico" lo era del ser
humano de la década de 1970. ¿Cómo ves
la continuación de eso? ¿Ya pensaste en
cuál es la expresión del ser de nuestros
tiempos? ¿Qué tipo de música, de letra?*

La verdad no sé muy bien cómo responder a esa pre-
gunta. Porque estoy en esa especie de sequía, a la cual

me referí aquí. Una sequía de ese instinto creativo, que ya no le exige a mi propia creación la manifestación de esas sustancias muy acabadas y depuradas, esa comprensión muy profunda, profundamente explícita sobre el tiempo, sobre la eternidad, sobre todas esas cosas. Y tampoco busco demasiado esas dimensiones en otras obras, en otros creadores.

Por ejemplo, hoy en día, el mundo del rap. El rap es algo a lo que, incluso con una plétora absoluta de semánticas, transsemánticas, léxicos y transléxicos en su estructura, no le presto mucha atención. Tú tomas una canción de esas, de las mejores que se pueden escuchar por ahí y está diciendo tantas cosas al mismo tiempo, ¿no? Y a la vez no está diciendo nada, porque lo que quiere es justamente tirarte para adelante, que te tires del peñasco y que el ala delta te sostenga con la fuerza del aire. Tú ya quieres sentir esa sensación. El rap es eso, un tipo de música que quiere... Están ahí los sentidos, los domicilios, los mensajes, todo está ahí.

A no ser aquellos casos más obvios, donde tú ves todo un aparataje propio de un vehículo ideológico, de un vehículo político, etc. Pero, por lo general, las grandes obras, las grandes canciones hoy en día son eso; vuelos de ala delta sobre el panorama general de la realidad que está allá abajo. No pienso mucho "¿qué será que está queriendo decir este chico?, ¿qué quiere decir esa chica al cantar eso?". Además, las voces ya fueron tan depuradas; todos los jóvenes están apertrechados de tanto aparato, de tantas herramientas, de un instrumental tan grande para hacer cosas desde el punto de vista de las palabras, de los sonidos, de todo, que ya realmente no estoy tan preocupado de estar buscando pepitas semánticas.

***¿Y de qué manera escuchas
música actualmente?***

Una de las formas de escuchar música para mí últimamente ha sido intentar reproducir canciones, en la medida de lo posible, con mi guitarra. De repente, un samba de Walter Santos. "¿Cómo puedo reproducir eso en la guitarra?". Un samba antiguo, de la época en que trabajó con João Gilberto, en esa primera época en Juazeiro, Bahía. Ese tipo de cosas. O escojo un viejo samba de Batatinha e intento sacarlo en la guitarra, intento acompañarlo con unos solos, algo que nunca había hecho antes. O algún tema de Tom Jobim o un *riff* de Van Halen. Intento sacar en la guitarra algún *riff* de Van Halen. "¿Cómo hacía eso? ¿Cómo conseguía hacerlo? Puede ser por aquí". O una frase melódica de Paul McCartney, de una de sus canciones. O encantarme profundamente con una canción de Luiz Gonzaga.

Por ejemplo, hace poquito celebré mi cumpleaños con un repertorio de música nordestina, hicimos una fiesta junina y experimenté un placer enorme. Fue orgasmo puro, ¿sabes? Cantar:

"No Rio 'tá tudo mudado / Nas noites de São João / Em vez de polca e rancheira / O povo só dança e só pede o baião / No meio da rua / Inda é balão / Inda é fogueira / É fogo de vista / Mas dentro da pista / O povo só dança e só pede o baião / Ai, ai, ai, ai, São João / Ai, ai, ai, ai, São João".
["En Río todo ha cambiado / En las noches de San Juan / En vez de polca y ranchera / La gente solo baila y solo pide *baião* / En plena calle / Todavía hay globos / Todavía hay fogatas / El fuego está a la vista

/ Pero dentro de la pista / La gente solo baila y solo pide *baião* / Ay, ay, ay, ay, San Juan / Ay, ay, ay, ay, San Juan".]

Gritar ese "Ay, ay, ay, ay, São João" fue como un goce sexual.Esas canciones surgieron para mí en un momento en que las energías se acumulaban de forma extraordinaria en mi cuerpo, en mi ser, en mi mente, en todo. Entonces, cuando en la actualidad puedo volver a ellas y hacer que sean expresión de algo nuevo, es un placer enorme. Y es en ese sentido que se da mi relación con la música hoy en día. Es una relación así. Se presenta más depurada, son fragmentos repentinos de cosas que vi en la infancia, en la juventud, que se manifiestan y llegan de una manera grandiosa. Entonces, no me preocupo mucho por qué disco escuchar. Para nada. Recordar uno de esos *riffs* interesantísimos de Jimi Hendrix ya es suficiente.

El año 2020 estuvo marcado muy fuertemente por el movimiento Black Lives Matter, por la cuestión racial, en Brasil y en el mundo. ¿Cómo ves esto

a partir de tu trayectoria personal?
¿Cuándo se despertó esa conciencia de
lucha racial en ti?

La verdad no creo que haya sido un momento; más bien, fue una sucesión de fragmentos de momentos. ¿Por qué? Porque no fue una cuestión que haya aparecido en la primera etapa de mi vida. No estuvo presente en mi infancia. Porque yo vengo de una familia... Mi padre era un hombre negro mestizo y mi madre una mujer negra mestiza, incluso más que él, porque el mestizaje con indígenas, en su caso, era mucho más explícito que en el caso de mi padre. Él era mucho más afrodescendiente y ella más indiodescendiente. Éramos una familia que vivía en una especie de burbuja típica de una élite de clase media en una ciudad pequeña, una pequeñísima ciudad del interior, donde ellos eran figuras extraordinariamente respetadas. Él era médico y atendía a todo el mundo; a ricos, a pobres, a negros, a blancos, etc. Y ella era profesora en la escuela.

En las ciudades pequeñas las comunidades son fuertemente autorreferentes, ¿no? La referencia eran ellas mismas. Las personas eran importantes las unas para las otras. El herrero, quien trabajaba con fierro, que hacía las herramientas para el arreo de los caballos, etc., era tan importante como el juez que trabajaba allá en el tribunal. O el párroco de la iglesia, que era quien personificaba toda la cuestión religiosa. Entonces, el valor de las personas era muy evidente. Las personas valían mucho. Todas, cualquiera que fuere; negras, blancas, pobres o de clase media. También el pirotécnico, don Sinésio, que era quien hacía los fuegos artificiales para las fiestas de San Juan. Ese hombre era tremendo, era muy importante para todos nosotros.

Entonces, la cuestión de las divisiones, de raza, clase, todas esas cuestiones no estaban presentes. No había espacio para ellas. No convivíamos con ellas. Nadie era racista en esa ciudad. No era posible, no podía ser, no tenía cómo ser así. No había cómo. Todos éramos equivalentes en una especie de equilibrio afectivo y de varios otros tipos.

Esa conciencia fue apareciendo solo con el paso del tiempo. Entré al colegio en Salvador, donde se reunía parte importante de los hijos de la élite bahiana, hacendados ricos de varios lugares del interior, que mandaban a sus hijos a estudiar a la ciudad. O bien de la propia élite soteropolitana urbana, de Salvador; profesionales liberales, abogados, médicos, ingenieros famosos. Esas familias sí que estaban sometidas a un cierto cedazo que pasaba por raza y clase social.

En ese momento fueron apareciendo esos temas, se fueron despertando esas diferencias. Yo pasé a ser diferente, pasé a diferenciarme como individuo a partir de ahí. Hasta los 10 o 12 años, yo no me había sentido diferente a nadie ni nadie era diferente a mí en ningún sentido. Ese sentido de diferenciación empezó a existir ahí y evidentemente tuve que adoptar una determinada posición en relación conmigo mismo. "¿Qué soy?", "ah, soy un negro mestizo", "ah, tengo una piel, un cabello diferente al de los demás". Aparecieron esos valores diferentes atribuidos a las diferencias de la sociedad en general. "Ah, entonces yo valgo más o valgo menos que A, o que B o que C". Todo eso empezó a surgir en ese momento, y ahí, sí, tú vas tomando conciencia de cómo tienes que operar en el marco de esas diferencias. Tú mismo, para ti mismo y para los demás.

Así aparece la cuestión de la lucha de clases, aparece la cuestión de la lucha racial, aparecen todas esas cosas y ahí vas tomando tus posiciones en función de esto, en función de lo otro.

¿Y la visita a África, hacia finales de los años setenta, fue importante en ese sentido?

Muy importante, claro. Tú vas allá y te encuentras con los orígenes, de donde surgió todo esto. Ese modo de ser, ese modo de andar, ese modo de relacionarte con la flora, con los animales. Estando allá puedes ver tus orígenes y las variadas diferencias de esos diversos orígenes en relación con los demás. Al mismo tiempo que vas tomando conciencia de esas diferencias, empiezas a buscar más elementos armonizadores en relación con tu vida. Empiezas a buscar conocimientos, descubres el yoga, empiezas a buscar esto, a buscar aquello. Empiezas a buscar todos esos elementos que ecualizan las diferencias.

Tú no... Yo no quise meterme en ninguna guerra, en ninguna militancia aguerrida, en ninguno de esos movimientos. Ni los relacionados con la cuestión racial, ni con la cuestión de clase. Me mantuve como una persona relativamente equilibrada entre esos varios polos. Y al mismo tiempo, en la medida de lo posible, fui apoyando la lucha antirracista, la lucha por la igualdad económica, por la solidaridad, por todas esas cosas. A la vez, sin necesidad de posicionarme personalmente muy imbuido de esas necesidades, porque no soy así.

Como comenté, soy hijo de una familia de clase media, de profesionales liberales que fueron respetados. Mi abuela ya era profesora. En Salvador, ella fue profesora de varias personas importantes de la política, de la vida económica, de la vida comercial de la ciudad. Era una profesora que fue prestigiadísima como una gran maestra. Entonces, no crecí fustigado por esas cuestiones, digamos, desde el punto de vista individual. Yo comencé a ver todo eso a medida que iba ganando experiencia, en una dimensión social más amplia, solidarizándome con las luchas sociales, con las buenas luchas, con los buenos movimientos de eso, de aquello, de aquello otro.

¿Cómo ves hoy las luchas identitarias?

Las identidades particularizadas tienen muchos aliados. Es cada vez menor la posibilidad de aislamiento de las identidades en sus propios campos de configuración. Mira lo que ha pasado con George Floyd, el hombre negro que fue asesinado por la policía en Estados Unidos y a partir del cual surgió el movimiento Black Lives Matter. La mayoría de las personas en las calles de Nueva York o de Londres eran blancas. Entonces, se acabó la discusión. Ya están ahí. En ese caso, se acabó el tema del color de la piel, en ese caso ya estaba superado. Lo que todavía existe y que aún durará un tiempo son residuos, que permanecen residualmente en algunos segmentos reticentes que quieren mantener la diferenciación social por el color de piel. Esos espíritus venenosos, por usar una expresión popular, quieren estancarse, permanecer en ese separatismo, en ese hegemonismo heredado de la vida colonial. Los racistas ya perdieron. No hay forma, ya fue.

Es lo mismo que cuando hablábamos de ciencia al principio de nuestra conversación. Esas cosas van siendo superadas naturalmente. "Ah, ¿pero tú quieres decir que entonces no hay que luchar?". No, sí hay que luchar, esa superación se da en el conflicto, en la dialéctica, en el diálogo permanente entre posiciones en conflicto. En ese espacio intermedio. El punto medio justo se da por la igual posibilidad de los extremos. Las personas buscan y consiguen cada vez más dar con un sentido de justicia llegando a un punto intermedio, a la justicia que está en la mitad de todo. Cada vez más.

Es por eso que al estar a favor de las *cotas*[10], tienes que apoyar las *cotas*. A la hora de seguir al Ilê Aiyê, tienes que apoyar que los blancos no puedan integrarlo. Y hay otros ejemplos para enriquecer la argumentación. Tanto de un lado, como del otro. Por una parte, tú admites la *cota*, para obligar al anti-*cota* a perfeccionar su argumentación y viceversa. Y en ese sentido tú vas encontrando alianzas cada vez mayores entre varios campos.

10. En Brasil, sistema instaurado por la Ley de Cotas nº 12711 de 2012, que obliga a las instituciones federales de educación superior a reservar el 50% de la matrícula a alumnos que hayan cursado la enseñanza media en escuelas públicas y a quienes se autodeclaren como afrodescendientes, en una proporción del porcentaje de población negra de cada estado.

Así lo siento, lo pienso. Por eso en un determinado momento estoy del lado de un discurso más aguerrido, y al instante siguiente estoy del lado de un discurso más moderado también.

La conversación, el diálogo, parece ser un principio fundamental para ti. No solo un principio político, sino que también existencial.

Exactamente.

¿Has conseguido mantener algunas conversaciones en este periodo? ¿Quiénes son tus grandes interlocutores? ¿Quiénes fueron los grandes interlocutores?

Ah, mucha gente, muchos amigos, muchos colegas, mucha gente importante. Hablamos aquí de Jorge Mautner, Mário Schenberg, para dar dos ejemplos de diálogos importantísimos. La verdad, todos los grandes creadores, los grandes literatos de la literatura brasileña, los dos grandes Andrades, Oswald y Mário. En fin, los grandes poetas. El diálogo no es necesariamente algo que tú sostengas, en una conversación frente a frente o en una conversa en vivo, con una, dos o tres personas. El diálogo es esa nube permanente, el movimiento permanente de esa vaporización de comprensiones e incomprensiones. Ese motor permanente de comprensiones e incomprensiones que te van alimentando, humedeciendo tu capacidad de respirar, tu capacidad de, en definitiva, vivir.

Es arte, ciencia, poesía y acción. Es todo junto al mismo tiempo. Entonces, también en la medida en que me fui aislando, me fui haciendo viejo, ya no tengo tantos diálogos presenciales. Las interlocuciones son más pulverizadas. En este momento que estamos viviendo, estoy aquí "interlocutando" con ustedes, por ejemplo, a través de una aplicación de computador. Algo que no era posible hace 10, 15, 20 años atrás.

En este periodo de pandemia, en estos cuatro, cinco meses, participé de *lives* relacionados con varios temas; movimientos políticos, movimientos científicos, movimientos artísticos, movimientos de esto, de aquello, de aquello otro. Muchas conversaciones.

Había veces en que hacía cuatro, cinco *lives* por día. Algunos con universidades de aquí, universidades de Norteamérica, movimientos políticos de Europa, en fin, mil cosas. Entonces, la interlocución es abierta. El universo de la interlocución es demasiado amplio.

Ahora, sobre tu periodo como ministro de Cultura, imagino que no te arrepientes de tus posicionamientos. ¿Pero hay algo que harías diferente hoy en día?

Ah, probablemente sí. Es probable que sí. Aunque no pueda nombrarte ahora algo específico. "Ah, no debí haber hecho esto, no debí haber hecho aquello". Todo lo que hice lo hice creyendo que era algo que debía tomarse en cuenta. La verdad no me arrepiento de nada. No hubo nada que no hiciera. Quizás volvería a hacer lo mismo, pero con otro "ropaje", con otro matiz. Pero, en esencia, los porqués de las cosas que hice permanecen. Todos los porqués siguen ahí.

En ese momento, tú estabas defendiendo con mucha claridad la cuestión de la forma

en que la cultura estaba vanzando. Los cambios que la tecnología presentaba para la dinámica de la cultura, de la autoría. Tú mantuviste un diálogo muy cercano con la política del Creative Commons. Todo ello parece ya haber pasado. En la actualidad, existe algo que no había en ese momento: las redes sociales. Las redes sociales tienen implicaciones sicológicas en los individuos y también implicaciones políticas. Por ejemplo, la influencia directa en el resultado de las elecciones populares. ¿Cómo ves el tema de las redes sociales?

Las redes sociales y sus diversas plataformas... Justo ayer estaba leyendo una noticia sobre algunas iniciativas, tanto en Estados Unidos, como en Europa y otros lugares, con las que buscaban establecer un estatuto regulador mínimamente eficaz, mínimamente eficiente para un control mínimo de esas empresas. Y el reportaje era básicamente sobre Amazon, Google, Facebook. Toda esa gentuza. Trataba también sobre las comisiones en el congreso norteamericano, las comisiones en la Unión Europea para discutir esos asuntos, cómo era el tema del marco legal de internet en Brasil.

Todos esos asuntos son muy importantes, pero todavía no aparecían en la fase romántica de la relación que nosotros teníamos con las novedades tecnológicas en torno de la red digital. Ese momento era como una luna de miel con internet. Todavía no eran patentes los grandes intereses, las grandes tentativas que buscan la homogenización, el monopolio de esas plataformas. Ahora existe. Ahora ese tema está sobre la mesa. Y se hace necesario movilizar a todas las sociedades a nivel mundial en torno a ello; pensar qué tipo de regulación es necesario implementar y qué tipo de respuesta debemos exigir que se nos dé frente a los cuestionamientos que van surgiendo en todo el mundo respecto de esos temas.

En la actualidad pasamos por una fase crítica, una fase en la que el capital entró con mucha fuerza en el mundo digital. Todas las formas de capitalismo entraron con mucha fuerza en el tema. El capitalismo chino, el capitalismo occidental. Todos están produciendo cosas cada vez más aceleradamente en ese campo. Entonces, los individuos y los colectivos están siendo llamados a la responsabilidad. A responder, a buscar respuestas junto con las grandes plataformas. Son grandes movimientos mundiales.

Al mismo tiempo, tú tienes, junto con eso, un oscurantismo realmente retrógrado, queriendo que la "mundialidad", la mundialización, la globalización, que todas esas cosas desaparezcan del mapa. ¿Cómo? ¿Cómo uno se resta de la globalización? ¿Cómo uno se resta de la mundialización? ¿Cómo? ¿Cerrando nuestras fronteras, encerrándonos en nuestras fronteras? ¿Cómo?

Recordé cuando hablaste sobre los otros globalismos con Milton Santos, a quien entrevistaste en los años noventa. ¿Tú crees que eso todavía es posible? ¿O crees que vamos a tener que lidiar con una hegemonía en el globalismo?

No. Los globalismos son varios y cada vez están más fragmentados. Están acercándose más a ese estado del que hable, ese vapor. Están más nebulizados en el panorama de la gran nube mundial. Claro, concentrándose por aquí y por allá, buscando hegemonía aquí y allá. Consideremos el tema de China hoy en día. Ella acabó con la historia del comunismo. En la actualidad, las personas hablan del comunismo, el comunismo, esos grupos retrógrados, etc., viven hablando del comunismo. ¿Qué es el comunismo? Lo de China es capitalismo puro.

La posibilidad de una "comunización", de una aglutinación, de condiciones en la sociedad humana para una convivencia más comunitaria, en un sentido amplio, es una consecuencia natural de todo ese desarrollo, de todo ese desplazamiento de la vida globalizada. La atención que requieren los más pobres, el tema de los refugiados... Son cosas que suceden todas al mismo tiempo, ahora, como dice Arnaldo Antunes. Y es así. Quien quiera estancarse en una posición más retrógrada, quien quiera atrincherarse en el fascismo, en el nazismo, está bien, inténtelo, pero no prevalecerá.

Albert Einstein tiene una frase en la que menciona tres bombas que lo preocupaban

*en relación con el futuro de la humanidad:
la bomba atómica, la bomba de las
comunicaciones y la bomba viral. Quería
saber cómo tomas este momento de
pandemia que estamos viviendo. ¿Lo ves
como un marco histórico?*

Sí, creo que es un momento relevante. Primero, porque se trata de una enfermedad complicada. La presencia de un virus nuevo, muy fuerte y, en un cierto sentido, traicionero, que obligó a una paralización brutal del mundo de la cual no se tenía ninguna perspectiva. Se paró todo, ¿no? Se detuvo el flujo de las personas, de las hordas humanas. Se detuvo el proceso de producción de riqueza, el trabajo, las economías, la productividad, las industrias, los comercios, en un sentido global.

Entonces me pongo a pensar, ¿cómo van a negar la globalización con el problema que ha generado un virus así? Si está ahí. El virus llega y dice: "Mira, globalización, mírate ahí. Yo estoy aquí metido en todas partes, perturbando a todo el mundo globalmente, a todos por igual". Obligándonos a todos a volcarnos para nuestras posibles y necesarias articulaciones entre nosotros. Ahí aparece la ciencia produciendo lo más rápido posible el antídoto, las vacunas. El comercio, las industrias, la producción industrial adaptándose. Los transportes, los desplazamientos, las formas de desplazamiento humanas adaptándose. Pensemos en la bomba que fue el virus para la industria de la aviación, por ejemplo. La bomba que representó para el turismo. Obligándonos a repensar todas esas cuestiones, en todos esos campos.

Entonces, no es algo sin relevancia de ninguna manera. El virus, el patógeno es sumamente relevante.

El mercado cultural también se vio muy afectado.

Ni lo digas. Nosotros somos un ejemplo de eso. Los *lives* que se produjeron y todas las formas de supervivencia que el teatro, el cine, la música, tuvieron que buscar… Todo ello es muy relevante.

Pero, en términos económicos, es insuficiente. ¿Crees que el Estado tenía

*que, de alguna manera, entregar algún
tipo de soporte para, por ejemplo, los
artistas?*

De hecho, lo dio. Y no solo aquí, en todo el mundo. Estados Unidos entregó casi un trillón o más, un trillón y medio, de subvención a varios sectores. Brasil entregó casi un trillón de reales. 700 u 800 billones para atender diversas cuestiones. Los artistas se movilizaron, gestaron la Lei Aldir Blanc[11]. El Estado de asistencia social tuvo que ser reactivado en una medida significativa. Y eso está ahí. El Estado de bienestar social volvió a funcionar, volvió a jugar un rol, a actuar en este contexto. Y era eso lo que yo estaba mencionando, todos los capitalismos tuvieron que reunirse, asociarse. "Vamos a ver cómo podemos trabajar juntos". En cierto sentido, tuvieron que descapitalizarse.

*En tu disco con BaianaSystem,
regrabaste "Pessoa nefasta".*

11. Ley brasileña de auxilio de emergencia al sector de la cultura creada durante la pandemia por COVID-19 (2020).

*Cuando la compusiste, ¿en quién
estabas pensando?*

No, no. Es una canción de exorcismo simplemente:

*"Vem cá, vamos lá, arruda, galho de arruda / Abaixa
aqui sua cabeça, venha cá / Dobre o joelho, venha cá / Se
submeta aos processos purificadores / Vamos lá / Vire,
se adiante, se aperfeiçoe / Vire gente boa. Saia / Ganha
fé, vai a pé, vai até a Bahia / Caia aos pés do Senhor do
Bonfim / Dobre o seu joelho cem vezes / Faz as pazes com
os deuses / Carrega contigo uma figa de puro marfim".*
["Ven aquí, vamos para allá, ruda, rama de ruda / Baja
aquí tu cabeza, ven acá / Dobla la rodilla, ven acá /
Sométete a los procesos purificadores / Vamos para
allá / Dobla, adelántate, perfecciónate / Transfórmate
en alguien bueno Sal / Ten fe, anda a pie, anda a Bahía
/ Arrodíllate a los pies del Señor de Bonfim / Dobla
tu rodilla cien veces / Haz las paces con los dioses /
Lleva contigo una figa de puro marfil".]

Era solo eso. Nos habla a todos nosotros. No estaba
dedicada a nadie en particular.

Hay una canción reciente que es "Prece".
Parece una canción que habla de una
práctica bien real. ¿Tú rezas?

Hasta el día de hoy rezo mucho. Rezo mucho, sí.

¿Qué pides?

Pido eso, que los justos y los pecadores se entiendan, se perdonen mutuamente, se tengan en cuenta mutuamente. Que se desprendan de aquello que es necesario desprenderse para que el otro se aproxime más. Rezo para que yo pueda crear espacio, crear un hueco en mi corazón, crear espacios abiertos en mi corazón para que seres de todas partes encuentren abrigo en él, en mi corazón. Pido por abrir mi corazón. La oración es eso, la oración es para abrir el corazón, para que en él quepa todo lo que él pueda recibir. Es eso. *"Meu coração vagabundo quer guardar o mundo em mim"*. ¿No es así? Una de las primeras canciones de Caetano, una de las más profundas y geniales de todas, "Coração vagabundo".

*Es un pensamiento absolutamente
anticolonialista. Al contrario de
conquistar espacios extranjeros, traer lo
extranjero para tu espacio...*

Justamente. Es decir, es un entregarse, es una donación, en el sentido de mutualidades absolutas. Yo me abro para que el que está afuera tome un lugar, para que entre. Y en lo que el que estaba fuera entra, mi espacio pasa a ser otra cosa, pasa a estar formado también por el que viene de afuera. Nos obliga a todos a una mutualidad generalizada, a adaptarnos al otro. Todos tenemos un poco de todos dentro de cada uno de nosotros mismos. Es eso. Es transindividualización, ¿no? Es transportarse a otro plano. Eso es lo que quiero, realmente quiero que la humanidad esté mejor. Quiero que la humanidad cumpla su propósito.

CRONOLOGÍA

1942   El 26 de junio nace en Salvador, Bahía, Gilberto
Passos Gil Moreira, primer hijo de José Gil Moreira,
médico, y Claudina Passos Gil Moreira, profesora de
escuela primaria. Veinte días después, la familia vuelve
a Ituaçu, en el interior del estado, donde vivía.

1951   Gil se muda a Salvador, donde pasa a
vivir con la tía paterna Margarida.

1952   Por influencia de Luiz Gonzaga, a quien escuchaba con
frecuencia en la radio, comienza a aprender acordeón.

1959   Gil integra, como acordeonista, Os Desafinados,
conjunto instrumental que se presenta en fiestas
de cumpleaños, escuelas y sedes de clubes
sociales de Salvador y en el cual Gil tocará hasta
1961. Bajo el influjo de João Gilberto y de la
bossa nova, Gil comienza a tocar guitarra.

1961   Cursa Administración de Empresas
en la Universidad de Bahía, donde se gradúa
en 1964.

1963   Graba y lanza su disco de estreno, *Gilberto Gil - sua
música, sua interpretação*, con cuatro composiciones
suyas. Gil es presentado a Caetano Veloso por
el Productor Roberto Santana; poco después
conoce también a Maria Bethânia y Gal Costa.

1964   Gil, Caetano, Bethânia, Gal y Tom Zé realizan
el espectáculo *Nós, por exemplo*, que inaugura
el Teatro Vila Velha, de Salvador.

1965	Realiza su primer show individual, *Inventário*, con dirección de Caetano Veloso. Se casa con Belina. Se mudan para São Paulo y Gil empieza a trabajar en la Gessy-Lever. Realiza composiciones con Capinan y Torquato Neto. Participa, con Caetano, Gal, Bethânia y Tom Zé, del espectáculo *Arena canta Bahia*, con dirección de Augusto Boal. En el Teatro Oficina, integra el elenco de *Tempo de guerra*, de Augusto Boal. Grava "Procissão" y "Roda".

1966	Nace Nara de Aguiar Gil Moreira, primera hija de Gil y Belina. Es contratado por Philips para grabar su primer LP. Abandona la Gessy-Lever para vivir definitivamente de la música. La familia se muda a Río de Janeiro. Compite como compositor en el 1º Festival Internacional de la Canción, con "Minha senhora" (compuesta junto con Torquato Neto), presentada por Gal Costa, y en el 2º Festival de Música Popular Brasileña, de la TV Record, con "Ensaio geral", interpretada por Elis Regina.

1967	Compone con Capinam canciones para *Brasil ano 2000*, película de Walter Lima Jr. Nace Marília de Aguiar Gil Moreira, la segunda hija de Gil y Belina. Se separa de Belina en marzo. Comienza a trabajar con el empresario Guilherme Araújo. En mayo publica su primer LP, *Louvação*. Pasa a vivir con Nana Caymmi, hija del compositor Dorival Caymmi. Presenta su canción "Domingo no parque", acompañado por el grupo Os Mutantes, en el 3º Festival de Música Popular Brasileña. La canción obtiene el segundo lugar.

1968	Graba su segundo LP, *Tropicália ou panis et circensis*, con Caetano, Gal, Tom Zé, Nara Leão, Os Mutantes y

Rogério Duprat. Se publica el disco tropicalista *Gilberto Gil*. La canción "Divino, maravilhoso" (en colaboración con Caetano), cantada por Gal, participa en el 4º Festival de Música Popular Brasileña, alcanzando el tercer puesto. El 27 de diciembre, Gil y Caetano son arrestados en São Paulo, víctimas de las medidas excepcionales que instaló la dictadura brasileña a través del Decreto AI-5.

1969 Liberados de la prisión, Gil y Caetano se trasladan a Salvador, donde viven con Rogério Duarte y el músico y filósofo Walter Smetak. Gil se casa con Sandra Gadelha. Graba, en Salvador, las partes de voz y guitarra de su nuevo disco. En julio, tras un concierto de despedida, Gil y Caetano parten con sus esposas al exilio en Londres. Se edita "Aquele abraço", el primer éxito comercial de Gil, en un compacto.

1970 Gil y Caetano comparten un espectáculo en el Royal Festival Hall, en Inglaterra. Da conciertos en otros países europeos: Francia, Suiza, Alemania, Austria, Dinamarca y Suecia. Nace Pedro Gadelha Gil Moreira, primer hijo de Gil y Sandra. Gil recibe el Golfinho de Ouro (Delfín de Oro), otorgado por el Museo de la Imagen y el Sonido, de Río de Janeiro, en reconocimiento a "Aquele abraço"; rechaza el premio, en un artículo publicado en el diario *Pasquim*. Graba la banda sonora de la película *Copacabana mon amour*, de Rogério Sganzerla.

1971 A principios de año Gil graba en Londres un LP compuesto únicamente por canciones escritas en inglés, algunas en colaboración con el cantante, compositor y escritor carioca Jorge Mautner.

1972   Vuelve a Brasil. Lanza el LP *Expresso 2222* y *Barra 69, Caetano e Gil ao vivo na Bahia no Teatro Castro Alves*, grabando en el concierto de despedida de Gil y Caetano antes de exiliarse en Londres.

1973   Lanza "Meio-de-campo" e "Eu só quero um xodó", músicas que tienen gran éxito. "Cálice", compuesta junto con Chico Buarque, es censurada por la dictadura.

1974   Aparece el LP *Temporada de verão*, registro en vivo con Caetano Veloso y Gal Costa. Nace Preta Maria Gadelha Gil Moreira, hija de Gil y Sandra. Lanza *Gilberto Gil ao vivo*.

1975   Lanza con Jorge Ben el álbum doble *Ogum Xangô*. Ese mismo año aparece *Refazenda*.

1976   Nace Maria Gadelha Gil Moreira, hija de Gil y Sandra. Publica el LP *Doces Bárbaros*, junto con Caetano Veloso, Gal Costa y Maria Bethânia. El 7 de julio, en Florianópolis, Santa Catarina, donde se encontraba para realizar un espectáculo, es detenido por porte de marihuana.

1978   Se presenta en el Festival Internacional de Jazz de Montreux, Suiza.

1979   En Salvador, conoce a Flora Nair Giordano, quien luego se convierte en su esposa. Gil se incorpora al Consejo Estatal de Cultura de Bahía, del que también forma parte Maria Bethânia. Lanza el disco *Realce*.

1980 Realiza un show junto con el cantante jamaicano de reggae Jimmy Cliff.

1981 Se lanza el LP *Luar* y *Brasil*, álbum de João Gilberto con Gilberto Gil, Caetano Veloso y Maria Bethânia.

1982 Se lanza el álbum *Um banda Um*.

1983 Se lanza el LP *Extra*.

1984 Se lanza el LP *Raça humana*.

1985 Se presenta en el festival Rock in Rio. Nace Bem Giordano Gil Moreira, primer hijo de Gil y Flora. Lanzamiento del LP *Dia dorim noite neon*. Gil celebra sus 20 años de carrera con un gran evento en São Paulo, organizado por el poeta y letrista Waly Salomão: *Gil, 20 años luz*, una semana de espectáculos, debates, películas, lecturas y actuaciones.

1987 Se muda a Salvador para asumir la presidencia de la Fundación Gregório de Matos, especie de Secretaría Municipal de Cultura de la ciudad.

1988 Nace Isabela Giordano Gil Moreira, hija de Gil y Flora. Gil deja el cargo de presidente de la Fundación Gregório de Matos para ser candidato a alcalde de la ciudad de Salvador. No habiendo recibido apoyo del PMDB, decide disputar un escaño en la Cámara Municipal.

1989 Asume como consejal en la Cámara Municipal de Salvador. Durante su mandato es electo presidente

de la Comisión de Defensa del Medio Ambiente y
también preside el Centro de Referencia Negro-
Mestiza. Crea el movimiento ambientalista
Onda Azul, de defensa de los océanos. Lanza
el disco *O eterno Deus Mu Dança*.

1990   En enero, tras una semana en coma,
muere su hijo Pedro, de diecinueve años,
a consecuencia de un accidente de tráfico.
Pedro era baterista de la banda de Gil.

1991   Nace José Giordano Gil Moreira,
tercer hijo de Gil y Flora.

1992   Lanza el álbum *Parabolicamará*.

1993   Junto con Caetano Veloso lanzan el
disco en vivo *Tropicália 2*.

1994   Graba en MTV el programa Acústico, lanzado
mundialmente por la Warner en un disco
con el título *Gilberto Gil Unplugged*.

1996   Se publica el libro *Gilberto Gil -Todas as letras*
(Companhia das Letras), organizado por Carlos
Rennó. El libro incluye comentarios de Gil
sobre la génesis de 80 de sus canciones.

1997   Se lanza el álbum doble *Quanta*.

1998   Aparece el CD doble grabado en vivo *Quanta gente veio
ver*, el cual ganaría el Grammy (1999) a álbum del año

en la categoría "músicas del mundo". Gil es sondeado para ser ministro de Medio Ambiente en el gobierno del recién electo presidente Fernando Henrique Cardoso.

2000   Se publica el disco *Gilberto Gil e as canções de "Eu tu eles"*, banda sonora de la película de Andrucha Waddington, privilegiando clásicos de Luiz Gonzaga. Se lanza también el CD *Gil Milton* (Warner), grabado junto con Milton Nascimento.

2001   Participa del Carnaval por la Paz, de Salvador, con carro de sonido proprio, el Expresso 2222. Graba en Jamaica el álbum *Kaya N'Gan Daya*, con versiones de canciones de Bob Marley.

2002   Os Doces Bárbaros se reúnen nuevamente para dar dos conciertos. Luiz Inácio Lula da Silva, presidente electo por el PT, nombra a Gil ministro de Cultura.

2003   Inicia su gestión como ministro de Cultura del primer gobierno de Lula. Se presenta en Santiago de Chile en el concierto *El sueño existe*, en memoria de Salvador Allende.

2004   Participa en la mesa "Creative Commons" en el Fórum Internacional de Software Livre, en Porto Alegre.

2006   Gana el Grammy a "mejor álbum de música popular brasileña" por *Eletracústico*.

2008   Renuncia a su cargo de ministro de Cultura por la incompatibilidad para mantener activa su carrera musical.

2009   Graba y lanza el disco en vivo *BandaDois*.

2010   Lanza el disco *Fé na festa* y *Fé na festa ao vivo*.

2011   Graba el show *Gil + 10,* con diversos artistas invitados.

2012   Presenta el *Concerto de cordas & máquinas
de ritmo*, en una minigira por Brasil.

2014   Lanza el álbum *Gilbertos Samba* y su versión en
vivo, grabada en el Teatro Municipal de Niterói.

2015   Junto con Caetano Veloso, presentan el
espectáculo *Dois amigos, um século de música*,
en una extensa gira nacional e internacional.

2016   Participa de la ceremonia de abertura de
los Juegos Olímpicos de Río de Janeiro,
junto con Anitta y Caetano Veloso.

2018   Junto con Gal Costa y Nando Reis, presentan el
espectáculo *Trinca de ases*, el cual queda registrado
en un disco. Lanza el álbum *Ok Ok Ok*, que al año
siguiente obtiene el Grammy Latino en la categoría
de "mejor álbum de música popular brasileña".

2019   Compone las canciones del álbum *Giro* de la
cantante Roberta Sá. Realiza un espectáculo
junto al grupo BaianaSystem en Salvador, el que
posteriormente se publica como álbum digital.

2020   En medio de la pandemia por COVID-19, Gil realiza un
concierto de cumpleaños en directo desde su cuarentena

de Araras (estado de Río de Janeiro). El espectáculo
se transmite por YouTube y posteriormente se publica
como álbum digital con el título *São João em Araras*.

2021   Gil es nombrado miembro de la
Academia Brasileña de Letras.

2022   Lanza, a través de Amazon Prime, el
programa de televisión *Em casa com os Gil*,
un *reality show* sobre su vida familiar.

2022   Realiza la gira de despedida de los
escenarios Tempo Rey.

REFERÊNCIAS BIOGRÁFICAS

A Cor do Som

Conjunto bahiano de música instrumental, formado en 1977 por Dadi Carvalho (bajo), Mú Carvalho (teclados), Gustavo Schroeter (batería), Armandinho (guitarra eléctrica) y Ary Dias (percusión).

Airto Moreira

(1941). Percusionista catarinense. Con su esposa, la cantante Flora Purim, formó uno d ellos más famosos dúos de música brasileña en Estados Unidos.

Alan White

(1949-2022). Baterista inglés. Fue miembro de la banda de rock progresivo Yes.

Alfredo Sirkis

(1950-2020). Periodista, escritor y político carioca. Fue presidente del Partido Verde, diputado federal por el estado de Río de Janeiro y coordinador ejecutivo del Fórum Brasileño del Cambio Climático. En su juventud, mientras estuvo exiliado durante la dictadura brasileña, fue corresponsal en Chile del diario francés *Libération* durante el periodo de la Unidad Popular. De esa experiencia nació su libro de memorias *Roleta chilena* (1981).

Álvaro Guimarães

Diseñador y cineasta bahiano. Fue editor del periódico alternativo *Flor do Mal*.

Alex Korner

(1928-1984). Guitarrista, considerado el "fundador" del blues británico.

Ana Maria Bahiana

(1950). Periodista carioca, considerada uno de los grandes nombres brasileños de la crítica musical y cinematográfica. Actualmente es corresponsal en Los Angeles.

Ângela Maria

Abelim Maria da Cunha (1929-2018). Cantante y actriz fluminense, figura icónica del género samba-canción. Fue electa "reina de la radio" (premio de la Asociación Brasileña de Radio) en 1954.

Antônio Bivar

(1939-2020). Escritor y dramaturgo paulistano. Fue un participante activo de los movimientos contraculturales de la década de 1960. En 1982, organizó el festival O Começo do Fim do Mundo, el más importante festival de música punk realizado en Brasil.

Antônio Carlos Callado

(1917-1997). Periodista, novelista y dramaturgo niteroiense. Fue integrante de la Academia Brasileña de Letras.

Antonio Risério

(1953). Antropólogo, ensayista, poeta e historiador bahiano. Importante traductor de poesía amerindia y afrobrasileña, es también poeta y compositor.

Arnaldo Brandão
(1951). Bajista, cantante y compositor carioca. Fue uno de los miembros de la banda A Bolha.

Ary Barroso
(1903-1964). Compositor mineiro, figura fundamental de la música popular brasileña. Entre sus composiciones, destacan "Na baixa do sapateiro", "No tabuleiro da baiana" y "Aquarela do Brasil", con la que inauguró el género conocido como samba-exaltación. Estuvo nominado al Oscar por su canción "Rio de Janeiro", compuesta para la película *Brazil* (1944, Joseph Stanley).

Augusto Calheiros
(1891-1956). Cantante y compositor pernambucano.

Augusto de Campos
(1931). Poeta, ensayista y traductor paulista. Uno de los creadores de la poesía concreta, junto con Haroldo de Campos y Décio Pignatari. En 2015, fue galardonado con el Premio Iberoamericano de Poesía Pablo Neruda.

Batatinha
Nombre artístico de Oscar da Penha (1924-1997). Compositor bahiano. Uno de los mayores exponentes del samba de Bahía. La gran intérprete de sus composiciones ha sido la cantante Maria Bethânia.

Bob Marley
(1945-1981). Cantante y compositor jamaicano, considerado el más grande nombre del reggae.

Bob Nelson
(1918-2009). Cantante y compositor paulista. Su estilo mezclaba música sertaneja (del sertão) y country norteamericana.

Bruce Henri
(1949). Contrabajista de jazz y MPB norteamericano. Tocó con Gilberto Gil y Caetano Veloso.

Caetano Veloso
(1942). Músico bahiano, considerado uno de los más grandes artistas brasileños. Fue uno de los impulsores del movimiento tropicalista. Escribió también Verdade tropical (1997), un contundente ensayo sobre cultura brasileña.

Carlos Cachaça
Apodo de Carlos Moreira de Castro (1902-1999). Compositor carioca y uno de los fundadores de la Escuela de Samba de Mangueira.

Carlos Castañeda
(1925-1998). Antropólogo y escritor peruano. Conocido por libros como *Las enseñanzas de Don Juan* y *Viaje a Ixtlán*.

Carlos Galhardo
(1913-1985). Cantante brasileño, hijo de italianos, nacido en Buenos Aires. Se le

considera una de las principales figuras del auge de la época radiofónica.

Carlos Rennó

(1956). Compositor y escritor paulista.

Cartola

(1908-1980). Cantante y compositor carioca. Es considerado uno de los mayores sambistas de la historia. Fue también uno de los fundadores de la Escuela de Samba de Mangueira.

César Lattes

Cesare Mansueto Giulio Lattes (1924-2005). Físico paranense, cofundador del Centro Brasileiro de Pesquisas Físicas e impulsor del Laboratorio de Física Cósmica de Chacaltaya, Bolivia. Sus investigaciones estuvieron centradas, principalmente, en la radicación cósmica. Es codescubridor de la partícula atómica *pion* y de las denominadas bolas de fuego.

Chico Buarque

(1944). Considerado uno de los más grandes cantautores brasileños, su carrera ha estado marcada por la canción lírica y política. Además de músico, es un novelista premiado.

Chris Bennett

(1948). Cantante y compositora norteamericana.

Claudio Prado

(1951). Productor y agitador cultural paulista. Uno de los grandes nombres de la cultura digital brasileña.

Dalva de Oliveira

(1917-1072). Cantante y compositora paulista. Considerada una de las figuras más importantes del auge de la época radiofónica en Brasil, en 1951 fue electa "reina de la radio". Grabó más de 400 canciones y participó en varios coros de discos de Carmen Miranda.

David Gilmour

(1946). Guitarrista, cantante y compositor británico. Vocalista de Pink Floyd.

Décio Pignatari

(1927-2012). Poeta y publicista paulista. Uno de los grandes nombres de la poesía concreta brasileña.

Dircinha Batista

(1922-1999). Actriz y cantante paulista. Intérprete principalmente de canciones carnavalescas. Junto con su hermana fueron récord de ventas en la década de 1940 y 1950.

Dominguinhos

Apodo de José Domingo de Morais (1941-2013). Acordeonista y compositor pernambucano. Se le considera heredero de Luiz Gonzaga, su maestro desde la adolescencia. Ganador del Grammy Latino en 2002 y 2012.

Donga

Apodo de Ernesto Joaquim Maria dos Santos (1890-1974). Compositor y guitarrista carioca. Junto a Pixinguinha, formó parte del grupo Oito Batutas. En 1916, registró bajo su nombre el primer samba grabado en estudio, "Pelo teléfone". Aunque es de conocimiento público que la composición no era solo suya.

Dorival Caymmi

(1914-2008). Cantante y compositor bahiano de gran influencia en la música popular brasileña. Sus composiciones expresan, principalmente, la cultura, la idiosincrasia y el estilo de vida de Bahía. Fue un gran referente para Tom Jobim y Vinicius de Moraes. Entre sus éxitos destacan "Saudade da Bahia", "Samba da minha terra", "Doralice" y "Maracangalha", interpretadas innumerables veces por artistas de generaciones posteriores.

Edu Lobo

(1943). Compositor, arreglador y guitarrista carioca de bossa nova. Entre sus composiciones destacan canciones realizadas en conjunto con Vinicius de Moraes y Chico Buarque.

Elis Regina

(1945-1982). Considerada una de las más importantes cantantes brasileñas. Tuvo una carrera ecléctica, marcada tanto por las posiciones tradicionalistas como por la apertura a las nuevas tendencias de la música brasileña.

Elizeth Cardoso

(1920-1990). Es considerada una de las más importantes cantantes brasileñas de todos los tiempos. En su trayectoria interpretó choro, samba-canción y bossa nova. En 1958, grabó el disco *Canção de amor demais*, con comprosiciones de Tom Jobim y Vinicius de Moraes, además de la inédita guitarra de João Gilberto. El álbum se considera el hito inaugural de la bossa nova.

Emilinha Borba

Emília Savana de Sousa Costa da Silva Borba (1923-2005). Cantante carioca, de samba, choro y marchas. Fue ahijada artística de Carmen Miranda y electa "reina de la radio" en 1953.

Erasmo Carlos

(1941-2022). Cantante y compositor carioca. Fue miembro del movimiento conocido como Jovem Guarda.

Ferreira Gullar

(1930-2016). Poeta, cronista, dramaturgo y crítico de arte marañense, uno de los fundadores del movimiento neoconcreto. Fue integrante de la Academia Brasileña de Letras y galardonado con el Premio Camões en 2010.

Francisco Alves

(1989-1952). Cantante carioca. Es considerado por muchos el más importante del auge de la época radiofónica. Entre sus innumerables interpretaciones, destaca "Aquarela do Brasil".

Gal Costa

(1945-2022). Apodo de Maria das Graças. Cantante de Bahía. Tuvo su trayectoria marcada por la relación con el grupo de compositores que surgió en Salvador en la década de 1960. Fue una de las mayores exponentes del movimiento tropicalista.

Geraldo Vandré

(1935). Cantante y compositor paraibano, principal figura de lo que en Brasil se entendió como canción de protesta, hacia finales de la década de 1960.

Glauber Rocha

(1939-1981). Cineasta bahiano, uno de los creadores del Cinema Novo, dirigió clásicos como *Deus e o Diabo na terra do sol* (1964) y *Terra em transe* (1968).

Guilherme Araújo

(1936-2007). Productor carioca. Trabajó con nombres como Caetano Veloso, Gilberto Gil y Gal Costa.

Hans-Joachim Koellreutter

(1915-2005). Compositor y musicólogo alemán, nacionalizado brasileño. Participó de la fundación de la Escuela Libre de Música de São Paulo (1952) y de la Escuela de Música de la Universidad Federal de Bahía (1954). Fue uno de los nombres más influyentes de la vida musical del país.

Hélio Oiticica

(1937-1980). Artista plástico carioca. Su obra es considerada una de las más relevantes del siglo XX y una de las inspiraciones del tropicalismo. En ella se plantea la superación de la noción del arte como objeto y pasa a considerar al espectador como un participante.

Hermeto Pascoal

(1936). Compositor, arreglista y multiinstrumentista alagoano, considerado uno de los grandes nombres de la música instrumental brasileña.

Jackson do Pandeiro

Nombre artístico de José Gomes Filho (1919-1982). Cantante y compositor paraíbano, dueño de un estilo único que mezcla los ritmos nordestinos, como *baião*, *xote*, forró y coco, con el samba.

Jair Rodrigues

(1939-2014). Cantante paulista. Fue el presentador del programa O Fino da Bossa, junto con Elis Regina.

Janis Joplin

(1943-1970). Cantante norteamericana.

Jararaca

Nombre artístico de José Luís Rodrigues Calazans (1986-1977). Cantante, compositor y guitarrista pernambucano. Se hizo famoso por su trabajo en dupla junto con el cantante Ratinho. Autor de la conocida marcha carnavalesca "Mamãe eu quero" (1934).

Jim Capaldi

(1944-2005). Baterista británico. Fue miembro de la banda Traffic.

Jimi Hendrix

(1942-1970). Guitarrista norteamericano, considerado uno de los mayores y más innnovadores instrumentistas de la historia del rock.

Jim Morrison

(1943-1971). Cantante, compositor y poeta norteamericano, vocalista de la banda The Doors.

Jimmy Cliff

(1944). Cantante y compositor jamaicano, considerado uno de los grandes nombres del reggae.

João Gilberto

(1931-2019). Músico de Bahía, considerado un maestro por ser uno de los creadores de la bossa nova, con su estilo particular de tocar la guitarra y de cantar.

John Mayall

(1933). Cantante, compositor y guitarrista británico, considerado uno de los cultores del blues en el Reino Unido.

Job Tob Azulay

(1941). Cineasta carioca. Realizó el documental *Os Doces Bárbaros* (1976).

Jorge Ben

(1945). Cantante, compositor, percusionista y guitarrista carioca. Su álbum *Samba esquema novo* inauguró un nuevo estilo que posteriormente les dio forma a los géneros conocidos como sambalanço y samba-rock. En 2008, fue considerado por la revista *Rolling Stones* como el 5º mayor artista de la historia de la música brasileña.

Jorge Goulart

(1926-2012). Cantante carioca de éxito en las décadas de 1940 y 1950, cuya carrera despegó a partir de su participación en varias obras de teatro de revista, y algunas películas. Fue militante comunista, y se vio obligado al exilio, junto con su esposa, la también cantante Nora Ney, luego del golpe militar de 1964. El ostracismo forzado le puso fin a su carrera.

Jorge Mautner

(1941). Cantante, compositor y escritor carioca.

José Agrippino de Paula e Silva

(1937-2007). Escritor paulista. Entre sus obras destaca *PanAmérica* (1967), la cual, por su irreverencia y el diálogo que establece con diversas personalidades de la cultura de masas, puede considerarse tropicalista.

José Carlos Capinam

(1941). Poeta y letrista bahiano. Participó activamente del movimiento tropicalista escribiendo letras de canciones para varios de sus integrantes.

Juca Ferreira
João Luiz Silva Ferreira (1941). Sociólogo y político bahiano. Fue ministro de Cultura durante los gobiernos de Lula y Dilma Rousseff.

Júlio Medaglia
(1938). Maestro y arreglista paulista. Fue uno de los creadores del *Manifesto Música Nova*.

Kofi Annan
(1938-2018). Diplomático ganés. Fue secretario general de la ONU y galardonado con el Premio Nobel de la Paz en 2001.

Lanny Gordin
(1951). Guitarrista chino radicado en São Paulo. Participó de la Tropicalia.

Lia de Itamaracá
Nombre artístico de Maria Madalena Correia do Nascimento (1944). Bailarina, compositora y cantante pernambucana de ciranda. Es considerada la mayor exponente del género.

Liminha
(1951). Productor y bajista. Fue miembro de la banda Os Mutantes.

Lina Bo Bardi
(1914-1992). Arquitecta ítalobrasileña. Una de las figuras más relevantes de la arquitectura modernista en Brasil. Fue la idealizadora, entre otros, del icónico edificio del Museo de Arte Contemporáneo de São Paulo (MASP) y de la renovación del centro histórico de Salvador en la década de los ochenta.

Linda Batista
(1919-1988). Cantante y compositora paulista. En 1937, fue la primera cantante elegida como "reina de la radio" (premio de la Asociación Brasileña de Radio), título que mantuvo por once años consecutivos.

Lucas Santtana
(1970). Cantante, compositor y productor bahiano.

Luiz Gonzaga
(1912-1989). Compositor popular pernambucano. El mayor exponente de la música nordestina en las décadas de 1940 y 1950, y el artista que más vendía discos en todo el país en ese periodo. También conocido como "el rey del *baião*".

Maria Bethânia
(1946). Cantante de Bahía, hermana de Caetano Veloso. Comenzó su carrera cantando en el emblemático espectáculo Opinião, invitada por Nara Leão. Es una de las cantantes brasileñas más aclamadas y exitosas.

Mário de Andrade
(1893-1945). Poeta, novelista y musicólogo paulista de radical importancia en el movimiento modernista brasileño. Participante activo de la Semana de Arte Moderno de São Paulo de 1922, entre sus obras más destacadas están el libro de poesías *Paulicéia desvairada* (1922) y la novela *Macunaíma* (1928).

Mário Schenberg
(1914-1990). Físico y crítico de arte pernambucano. Es considerado el mayor físico teórico de Brasil.

Marlene
Nombre artístico de Victória Bonaiuti Delfino dos Santos (1922-2014). Cantante y actriz paulista. Fue elegida "reina de la radio" (premio de la Asociación Brasileña de Radio) en 1949.

Mauro de Almeida
(1882-1956). Dramaturgo, periodista y compositor carioca.

Milton Santos
(1926-2001). Geógrafo, abogado y profesor universitario bahiano. Estudioso del fenómeno de la globalización y de los problemas del subdesarrollo del tercer Mundo.

MPB4
Conjunto vocal formado en Niterói en 1965, integrado por Miltinho, Magro, Aquiles y Ruy Faria.

Nana Caymmi
(1941). Cantante carioca, hija de Dorival Caymmi.

Nara Leão
(1942-1989). Nara Leão comenzó su carrera de cantante como una de las principales intérpretes de bossa nova. Inquieta, en las décadas siguientes participó activamente en diversas vertientes de la música popular, como la canción política, en el espectáculo *Opinião*, en la Tropicalia y otros, siempre abriendo caminos a nuevos músicos y compositores.

Nelson Jacobina
(1953-2012). Compositor y guitarrista carioca.

Nelson Motta
(1944). Periodista, escritor y compositor paulista. También ha producido espectáculos de Elis Regina y Gal Costa.

Nik Turner
(1940-2022). Saxofonista británico. Miembro de la banda Hawkwind.

Nora Ney
Nombre artístico de Iracema de Sousa Ferreira (1922-2003). Cantante, compositora e instrumentista carioca, una de las más destacadas intérpretes del género samba-canción.

Orlando Silva
(1915-1978). Cantante carioca de éxito,
principalmente, en la década de 1930.

Os Mutantes
Banda formada por Rita Lee, Arnaldo
Baptista y Sergio Dias, identificada con
el movimiento tropicalista. Hasta hoy
es también considerada mundialmente
como una referencia original del rock
psicodélico.

Oswald de Andrade
(1890-1954). Poeta, ensayista y dramaturgo paulista. Una de las figuras más relevantes del movimiento modernista de
ese país, fue también uno de los principales promotores de la memorable
Semana de Arte Moderna de 1922. Es
autor de los célebres *Manifiesto Pau-Bra-
sil* (1924) y *Manifiesto Antropófago* (1928).

Paulinho da Viola
(1942). Compositor, instrumentista y
cantante carioca, considerado uno de
los grandes nombes del samba de su
generación.

Paulo Francis
Franz Paul Trannin da Matta Heilborn
(1930-1997). Periodista y escritor carioca.
Polémico por su posicionamiento
político cambiante y sus ácidas críticas
a la idiosincrasia brasileña.

Pepeu Gomes
(1952). Guitarrista, cantante y compositor bahiano. Fue miembro de la banda
Novos Baianos.

Perfeito Fortuna
(1950). Actor y productor cultural luso-
brasileño. Fundador de la icónica casa
de espectáculos Circo Voador, de Río de
Janeiro.

Ratinho
Nombre artístico de Severino Rangel de
Carvalho (1896-1972). Cantante paraibano. Formaba dupla junto con Jararaca,
con quien cantaban principalmente
emboladas y cocos.

Regina Echeverria
(1951). Periodista paulista, considerada
una de las grandes biógrafas de la música popular brasileña.

Roberto Carlos
(1941). Cantante y compositor de Espíritu Santo. Considerado el mayor nombre
de la Jovem Guarda y de la música
romántica brasileña.

Roberto Menescal
(1937). Músico nacido en Vitória, Es-
pírito Santo. Es considerado uno de los
fundadores de la bossa nova. Entre sus
canciones más reconocidas están "O
barquinho" y "Nós e o mar", que compuso junto con Ronaldo Bôscoli.

Roberto Santana
(1943). Productor musical bahiano.

Rogério Duarte
(1939-2016). Diseñador, ilustrador y músico bahiano. Se le considera uno de los principales intelectuales del movimiento tropicalista. Entre sus obras, destaca el icónico afiche de la película *Deus e o Diabo na terra do sol* (1964, Glauber Rocha).

Rogério Sganzerla
(1946-2004). Cineasta santacatarinense, y una de las principales figuras del Cinema Marginal. Dirigió, entre otras, *O bandido da luz vermelha* (1968), un clásico de este género.

Ronnie Von
(1944). Cantante, compositor y presentador carioca. Importante nombre de la Jovem Guarda.

Rubens Gerchman
(1942-2008). Artista plástico carioca relacionado a movimientos de vanguardia, como el pop-art, el arte concreto y neoconcreto.

Ruy Guerra
(1931). Director y guionista mozambiqueño radicado en Brasil. Se le considera parte del movimiento del Cinema Novo. Sus películas más aclamadas son *Os cafajestes* (1962) y *Os fuzis* (1964). También es letrista de canciones, campo en el cual ha compuesto junto con el mismo Chico, Milton Nascimento, Edu Lobo, entre otros.

Sérgio Mendes
(1941). Pianista brasileño, reconocido mundialmente por la difusión de la bossa nova.

Sérgio Ricardo
(1932-2020). Pianista y compositor paulista relacionado, principalmente, con el género bossa nova; no obstante, también compuso la banda sonora de las películas *Deus e o Diabo na terra do sol* (1964) y *Terra em transe* (1967), de Glauber Rocha. Además, incursionó como actor y director de cine.

Sérgio Vieira de Mello
(1948-2003). Diplomático brasileño. Actuó como alto comisionado de las Naciones Unidas para los Derechos Humanos. Murió en un atentado en Bagdad.

Sidney Miller
Sidney Álvaro Miller Filho (1945-1980). Compositor carioca destacado en festivales de la canción de la década de 1960.

Syd Barrett
(1946-2006). Cantante, guitarrista y compositor británico. Fue uno de los fundadores de Pink Floyd.

Terry Reid
(1949). Cantante y guitarrista inglés.

Tom Zé
(1937). Músico bahiano del grupo tropicalista, uno de los más innovadores y creativos de su generación. Ha desarrollado una carrera marcada por la experimentación. Miembro de la Academia Paulista de Letras desde 2022.

Torquato Neto
(1948-1972). Poeta y letrista piauiense. Personaje clave en la propuesta poética y conceptual del movimiento tropicalista.

Tutty Moreno
(1944-1972). Poeta, periodista y compositor oriundo de Piauí.

Vanusa
(1947-2020). Cantante y compositora brasileña, una de las intérpretes más conocidas de la Jovem Guarda.

Vicente Celestino
(1894-1968). Cantante carioca. Uno de los grandes nombres de la música popular brasileña de la primera mitad del siglo XX.

Walter Santos
(1939-2008). Músico bahiano. Junto con João Gilberto formaron en la ciudad de Juazeiro, Bahía, el dúo Enamorados do Ritmo.

Walter Smetak
(1913-1984). Compositor, violoncelista y escritor suizo, nacionalizado brasileño.

Sus investigaciones sonoras influenciaron a toda una generación en la Universidad Federal de Bahía.

Wanderléa
(1944). Cantante y compositora mineira. Considerada uno de los grandes nombres de la Jovem Guarda.

Zé Celso
(1937). Director de teatro, dramaturgo y actor paulista, una de las figuras más importantes del teatro brasileño. Dirige el icónico grupo experimental Teatro Oficina, con el que en 1967 montó *O rei da vela*, de Oswald de Andrade, montaje que estableció un claro diálogo con el naciente movimiento tropicalista.

Zé Vicente
(1947-2005). Dramaturgo mineiro, considerado uno de los grandes nombres del teatro brasileño de la década de 1960.

DISCOGRAFIA

1967
LOUVAÇÃO

Sello: Philips — R 765.005 L

LADO A

1. Louvação (Gilberto Gil, Torquato Neto)

2. Beira Mar (Gilberto Gil, Caetano Veloso)

3. Lunik 9 (Gilberto Gil)

4. Ensaio Geral (Gilberto Gil)

5. Maria (Gilberto Gil)

6. A Rua (Gilberto Gil, Torquato Neto)

LADO B

1. Roda (Gilberto Gil, João Augusto)

2. Rancho da Rosa Encarnada (Gilberto Gil, Torquato Neto, Geraldo Vandré)

3. Viramundo (Gilberto Gil, Capinan)

4. Mancada (Gilberto Gil)

5. Água de Meninos (Gilberto Gil, Capinan)

6. Procissão (Gilberto Gil)

1968
GILBERTO GIL

Sello: Philips — R 765.024 L
Productor: Manuel Barebein
Arreglos: Rogério Duprat
Participación especial:
Os Mutantes

LADO A

1. Frevo Rasgado (Gilberto Gil, Bruno Ferreira)

2. Coragem Pra Suportar (Gilberto Gil)

3. Domingou (Gilberto Gil, Torquato Neto)

4. Marginália II (Gilberto Gil, Torquato Neto)

5. Pega a Voga, Cabeludo (Gilberto Gil, Juan Arcon)

LADO B

1. Ele Falava Nisso Todo Dia (Gilberto Gil)

2. Procissão (Gilberto Gil)

3. Luzia Luluza (Gilberto Gil)

4. Pé da Roseira (Gilberto Gil)

5. Domingo No Parque (Gilberto Gil)

1968
TROPICÁLIA
OU PANIS ET CIRCENSIS

Sello: Philips — R 765.040 L
Arreglos: Rogério Duprat

LADO A
1. Miserere Nobis (Gilberto Gil, Capinan) Intérprete: Gilberto Gil
2. Coração Materno (Vicente Celestino) Intérprete: Caetano Veloso
3. Panis Et Circenses (Caetano Veloso, Gilberto Gil) Intérprete: Os Mutantes
4. Lindonéia (Caetano Veloso) Intérprete: Nara Leão
5. Parque Industrial (Tom Zé) Intérpretes: Tom Zé, Caetano Veloso, Gal Costa, Gilberto Gil, Os Mutantes
6. Geleia Geral (Gilberto Gil, Torquato Neto) Intérprete: Gilberto Gil

LADO B
1. Baby (Caetano Veloso) Intérprete: Gal Costa, Caetano Veloso
2. Três Caravelas (Las Tres Carabelas) (A. Algueró Jr., E. Moreu, Vrs. João de Barro) Intérpretes: Caetano Veloso, Gilberto Gil
3. Enquanto Seu Lobo Não Vem (Caetano Veloso) Intérprete: Caetano Veloso
4. Mamãe, Coragem (Caetano Veloso, Torquato Neto) Intérprete: Gal Costa
5. Bat Macumba (Gilberto Gil, Caetano Veloso) Intérprete: Gilberto Gil
6. Hino ao Senhor do Bonfim (João A. Wanderley, Petion de Vilar) Intérpretes: Caetano Veloso, Gilberto Gil, Gal Costa, Os Mutantes

1969
GILBERTO GIL

Sello: Philips — R 765.087 L
Productor: Manuel Barebein
Arreglos: Rogério Duprat

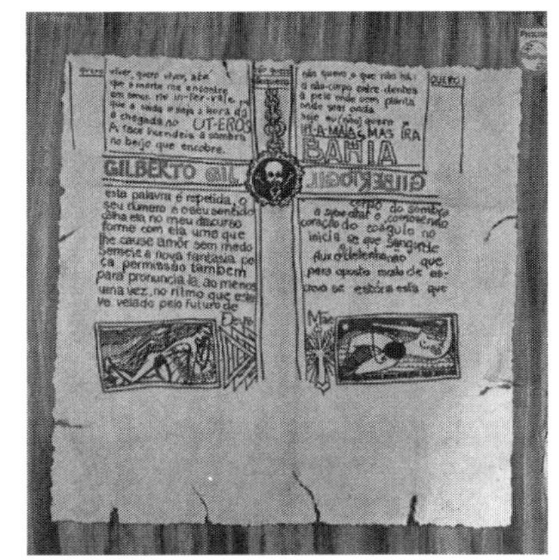

LADO A

1. Cérebro Eletrônico (Gilberto Gil)

2. Volks Volkswagem Blue (Gilberto Gil)

3. Aquele Abraço (Gilberto Gil)

4. Dezessete Léguas E Meia (Humberto Teixeira, Carlos Barroso)

5. A Voz do Vivo (Caetano Veloso)

LADO B

1. Vitrines (Gilberto Gil)

2. 2001 (Rita Lee, Tom Zé)

3. Futurível (Gilberto Gil)

4. Objeto Semi-identificado (Rogério Duarte, Gilberto Gil, Rogério Duprat)

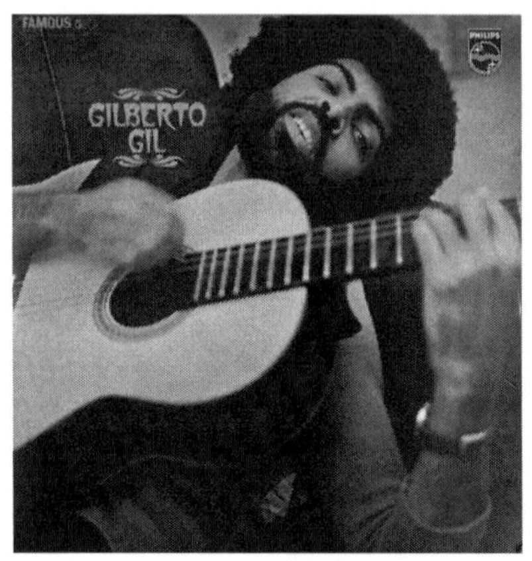

1971
GILBERTO GIL

Sello: Philips — 6349 006
Producter: Ralph Mace

LADO A

1. Nega (Photograph Blues) (Gilberto Gil)

2. Can't Find My Way Home (Steve Winwood)

3. The Three Mushrooms (Gilberto Gil, Jorge Mautner)

4. Babylon (Gilberto Gil, Jorge Mautner)

LADO B

1. Volks Volkswagem Blue (Gilberto Gil)

2. Mamma (Gilberto Gil)

3. One O'Clock Last Morning 20th April 1970 (Gilberto Gil)

4. Crazy Pop Rock (Gilberto Gil, Jorge Mautner)

1972
BARRA 69:

Sello: Pirata Philips — 1401
Productor: Paulo Lima y
Roberto Santana
Registro de los shows de Caetano Ve-
loso y Gilberto Gil en Bahía, los días
20 y 21 de julio de 1969.

LADO A

1. Cinema Olympia (Caetano Veloso) Intérprete: Caetano Veloso

2. Frevo Rasgado (Gilberto Gil, Bruno Ferreira) Intérprete: Gilberto Gil

3. Superbacana (Caetano Veloso) Intérprete: Caetano Veloso

4. Madalena (Entra Em Beco, Sai Em Beco) (Isidoro, Adpt. Gilberto Gil)
Intérprete: Gilberto Gil

LADO B

1. Atrás do Trio Elétrico (Caetano Veloso) Intérprete: Caetano Veloso

2. Domingo No Parque (Gilberto Gil) Intérprete: Gilberto Gil

3. Alegria, Alegria (Caetano Veloso); Hino do Esporte Clube Bahia (Adroaldo
Ribeiro Costa); Aquele Abraço (Gilberto Gil)
Intérpretes: Caetano Veloso e Gilberto Gil

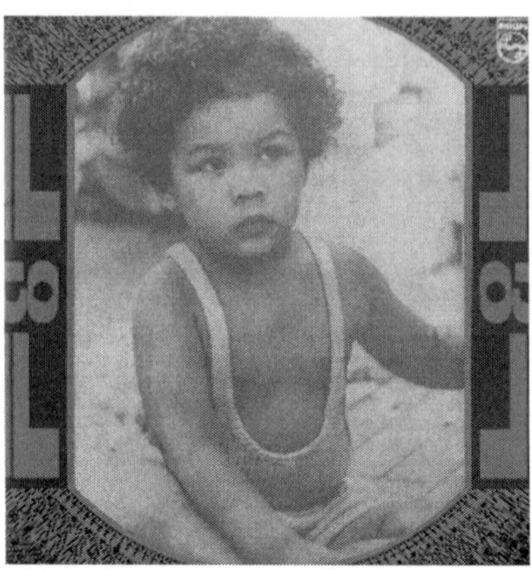

1972
EXPRESSO 2222

Sello: Philips — 6349 034
Productor: Guilherme Araújo

LADO A

1. Pipoca Moderna (Caetano Veloso, Sebastião Biano)
Participação: Banda de Pífanos de Caruaru
2. Back In Bahia (Gilberto Gil)
3. O Canto da Ema (Alventino Cavalcanti, Aires Viana, João do Vale)
4. Chiclete Com Banana (Gordurinha, Almira Castilho)
5. Ele e Eu (Gilberto Gil)

LADO B

1. Sai do Sereno (Onildo Almeida) Participação: Gal Costa
2. Expresso 2222 (Gilberto Gil)
3. O Sonho Acabou (Gilberto Gil)
4. Oriente (Gilberto Gil)

1974
GILBERTO GIL AO VIVO

Sello: Philips — 6349 124
Productor: Guilherme Araújo
Arreglos: Perinho Albuquerque
Grabado en vivo en el TUCA,
São Paulo, en octubre de 1974.

LADO A

1. João Sabino (Gilberto Gil)
2. Abra o Olho (Gilberto Gil)
3. Lugar Comum (João Donato, Gilberto Gil)

LADO B

1. Menina Goiaba (Gilberto Gil)
2. Sim, Foi Você (Caetano Veloso)
3. Herói das Estrelas (Nelson Jacobina, Jorge Mautner)

1974
TEMPORADA DE VERÃO

Sello: Philips — 6349 108
Productor: Guilherme Araújo
Arreglos: Perinho Albuquerque
Artistas: Gilberto Gil, Caetano Veloso y Gal Costa
Grabado en vivo en el Teatro Vila Velha, Salvador, Bahía, del 10 de enero al 22 de febrero de 1974.

LADO A

1. Quem Nasceu (Péricles Cavalcanti) Intérprete: Gal Costa
2. De Noite Na Cama (Caetano Veloso) Intérprete: Caetano Veloso
3. O Conteúdo (Caetano Veloso) Intérprete: Caetano Veloso
4. Terremoto (João Donato, Paulo César Pinheiro) Intérprete: Gilberto Gil

LADO B

1. O Relógio Quebrou (Jorge Mautner) Intérprete: Gilberto Gil
2. O Sonho Acabou (Gilberto Gil) Intérprete: Gilberto Gil
3. Cantiga do Sapo (Jackson do Pandeiro, Buco do Pandeiro)
Intérprete: Gilberto Gil
4. Acontece (Cartola) Intérprete: Gal Costa
5. Felicidade (Lupicínio Rodrigues) Intérprete: Caetano Veloso

1975
GIL E JORGE
OGUM XANGÔ

Sello: Philips — 9299 453/4
Productor: Paulinho Tapajós y
Perinho Albuquerque
Artistas: Gilberto Gil y Jorge Ben

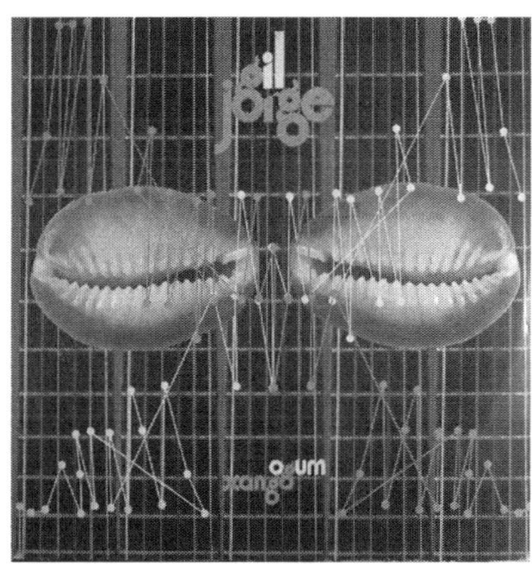

LADO A
1. Meu Glorioso São Cristóvão (Jorge Ben Jor)
2. Nega (Photograph Blues) (Gilberto Gil)

LADO B
3. Jurubeba (Gilberto Gil)
4. Quem Mandou (Pé Na Estrada) (Jorge Ben Jor)

LADO C
1. Taj Mahal (Jorge Ben Jor)
2. Morre o Burro Fica o Homem (Jorge Ben Jor)
3. Essa É Pra Tocar no Rádio (Gilberto Gil)

LADO D
4. Filhos de Gandhi (Gilberto Gil)
5. Sarro (Gilberto Gil, Jorge Ben Jor)

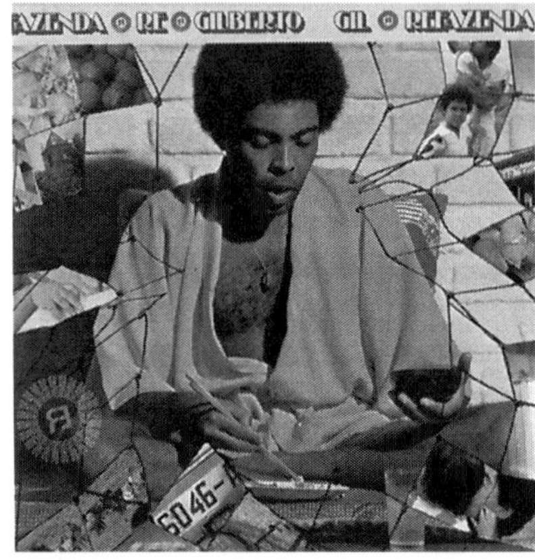

1975
REFAZENDA

Sello: Philips — 6349 152
Productor: Mazzola
Arreglos: Perinho Albuquerque

LADO A

1. Ela (Gilberto Gil)
2. Tenho Sede (Dominguinhos, Anastácia)
3. Refazenda (Gilberto Gil)
4. Pai e Mãe (Gilberto Gil)
5. Jeca Total (Gilberto Gil)
6. Essa É Pra Tocar no Rádio (Gilberto Gil)

LADO B

1. Ê Povo Ê (Gilberto Gil)
2. Retiros Espirituais (Gilberto Gil)
3. O Rouxinol (Gilberto Gil, Jorge Mautner)
4. Lamento Sertanejo (Dominguinhos, Gilberto Gil)
5. Meditação (Gilberto Gil)

**1975
DOCES BÁRBAROS
(DISCO 1)**

Sello: Philips — 6349 307/8
Productor: Perinho Albuquerque
Artistas: Caetano Veloso, Gal
Costa, Gilberto Gil y
Maria Bethânia

LADO A

1. Os Mais Doces Bárbaros (Caetano Veloso)

2. Fé Cega, Faca Amolada (Milton Nascimento, Ronaldo Bastos)

3. Atiraste Uma Pedra (Herivelto Martins, David Nasser)

4. Pássaro Proibido (Caetano Veloso, Maria Bethânia)

LADO B

1. Chuck Berry Fields Forever (Gilberto Gil)

2. Gênesis (Caetano Veloso)

3. Tarasca Guidon (Waly Salomão)

1975
DOCES BÁRBAROS
(DISCO 2)

Sello: Philips — 6349 307/8
Productor: Perinho Albuquerq
Artistas: Caetano Veloso, Gal
Costa, Gilberto Gil y
Maria Bethânia

LADO A

1. Eu e Ela Estávamos Ali Encostados na Parede (Gilberto Gil)

2. Esotérico (Gilberto Gil)

3. Eu Te Amo (Caetano Veloso)

4. O Seu Amor (Gilberto Gil)

5. Quando (Gal Costa, Caetano Veloso, Gilberto Gil)

LADO B

1. Pé Quente Cabeça Fria (Gilberto Gil)

2. Peixe (Caetano Veloso)

3. Um Índio (Caetano Veloso)

4. São João Xangô Menino (Caetano Veloso, Gilberto Gil)

5. Nós Por Exemplo (Gilberto Gil)

6. Os Mais Doces Bárbaros (Caetano Veloso)

1977
REFAVELA

Sello: Philips — 6349 329
Productor: Roberto Sant'Ana
Arreglos: Perinho Santana

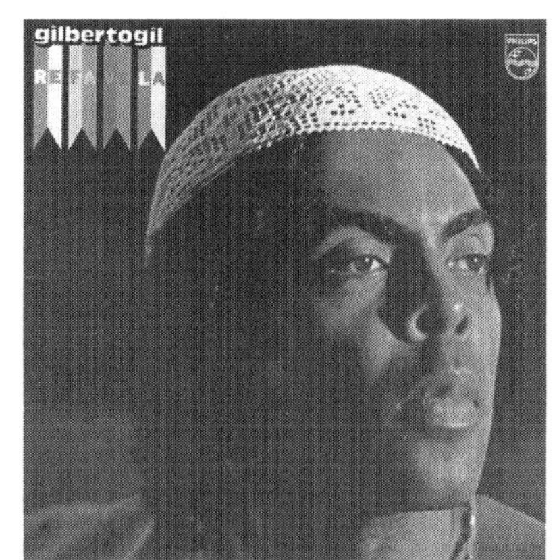

LADO A

1. Refavela (Gilberto Gil)

2. Ilê Ayê (Paulinho Camafeu)

3. Aqui e Agora (Gilberto Gil)

4. Norte da Saudade (Perinho Santana, Moacir Albuquerque, Gilberto Gil)

5. Babá Alapalá (Gilberto Gil)

LADO B

1. Sandra (Gilberto Gil)

2. Samba do Avião (Tom Jobim)

3. Era Nova (Gilberto Gil)

4. Balafon (Gilberto Gil)

5. Patuscada de Gandhi (Afoxé Filhos de Gandhi)

1977
REFESTANÇA
GILBETO GIL E RITA LEE
AO VIVO

Sello: Som Livre — 403.6137
Productor: Guto Graça Mello
Artistas: Gilberto Gil y
Rita Lee

LADO A

1. Refestança (Rita Lee, Gilberto Gil) Intérpretes: Gilberto Gil, Rita Lee
2. É Proibido Fumar (Roberto Carlos, Erasmo Carlos)
Intérpretes: Gilberto Gil, Rita Lee
3. Odara (Caetano Veloso) Intérprete: Gilberto Gil
4. Domingo No Parque (Gilberto Gil) Intérprete: Gilberto Gil
5. Back In Bahia (Gilberto Gil) Intérprete: Rita Lee
6. Giló (Rita Lee) Intérprete: Rita Lee

LADO B

1. Ovelha Negra (Rita Lee) Intérprete: Gilberto Gil
2. Eu Só Quero Um Xodó (Dominguinhos, Anastácia) Intérprete: Gilberto Gil
3. De Leve (Get Back) (John Lennon, Paul McCartney, Vrs. Gilberto Gil, Rita Lee) Intérpretes: Rita Lee, Gilberto Gil
4. Arrombou A Festa (Rita Lee, Paulo Coelho) Intérprete: Rita Lee
5. Refestança (Rita Lee, Gilberto Gil) Intérpretes: Gilberto Gil, Rita Lee

1978
AO VIVO EM MONTREUX

Sello: WEA — BR 22.011/2
Productor: Mazzola

LADO A

1. Chuck Berry Fields Forever (Gilberto Gil)
2. Chororô (Gilberto Gil)

LADO A

1. São João Xangô Menino (Caetano Veloso, Gilberto Gil)
2. Respeita Januário (Luiz Gonzaga, Humberto Teixeira)

LADO A

1. Ela (Gilberto Gil)
2. Bat Macumba (Gilberto Gil, Caetano Veloso); Exaltação À Mangueira (Enéas Brites da Silva, Aloísio Augusto da Costa)

LADO A

1. Procissão (Gilberto Gil); Atrás do Trio Elétrico (Caetano Veloso); Mamãe Eu Quero (Jararaca, Vicente Paiva)
2. Triole (jam session) Participação: Ivinho, Patrick Moraz, A Cor do Som

1978
ANTOLOGIA DO SAMBA-CHORO

Sello: Philips — 6349 361
Artistas: Gilberto Gil y Germano Mathias

LADO A

1. Acertei No Milhar (Wilson Batista, Geraldo Pereira) Intérprete: Gilberto Gil
2. Falso Rebolado (Venâncio, Jorge Costa) Intérprete: Germano Mathias
3. Escurinho (Geraldo Pereira) Intérprete: Gilberto Gil
4. Minha Pretinha (Jair Gonçalves, Edson Borges) Intérprete: Germano Mathias
5. Senhor Delegado (Antoninho Lopes, Jaú) Intérprete: Germano Mathias

LADO B

1. Minha Nega na Janela (Germano Mathias, Doca) Intérprete: Gilberto Gil
2. Não Volto Pra Casa (Denis Brean, Osvaldo Guilherme) Intérprete: Germano Mathias
3. A Situação Do Escurinho (Aldacir Louro, Padeirinho) Intérprete: Gilberto Gil
4. Rua (Jair Gonçalves) Intérprete: Germano Mathias
5. Samba Rubro-Negro (Wilson Batista, Jorge de Castro) Intérprete: Gilberto Gil

1979
REALCE

Sello: Elektra WEA — BR 32.038
Productor: Mazzola

LADO A

1. Realce (Gilberto Gil)
2. Sarará Miolo (Gilberto Gil)
3. Super-Homem (A Canção) (Gilberto Gil)
4. Tradição (Gilberto Gil)
5. Marina (Dorival Caymmi)

LADO B

1. Rebento (Gilberto Gil)
2. Toda Menina Baiana (Gilberto Gil)
3. Logunedé (Gilberto Gil)
4. Não Chore Mais (No Woman, No Cry) (Vincent Ford, Vrs. Gilberto Gil)

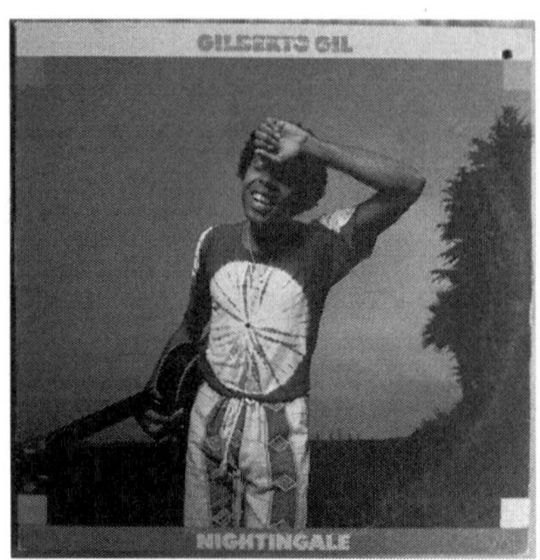

1979
NIGHTINGALE

Sello: Warner — 6E-167
Productor: Sergio Mendes

LADO A

1. Sarará Miolo (Gilberto Gil)
2. Goodbye My Girl (Péricles Santana, Gilberto Gil, Moacir Albuquerque)
3. Ela (Ella) (Gilberto Gil, Vrs. Carol Rogers)
4. Here And Now (Gilberto Gil)
5. Balafon (Gilberto Gil)

LADO B

1. Alapalá The Myth Of Shango (Gilberto Gil, Vrs. Carol Rogers)
2. Maracatu Atômico (Jorge Mautner, Nelson Jacobina)
3. Move Along With Me (Gilberto Gil)
4. Nightingale (Gilberto Gil, Jorge Mautner)
5. Samba de Los Angeles (Gilberto Gil)

1981
BRASIL

Sello: WEA — BR 38.045
Productores: André Midani y
Guto Graça Mello
Arreglos: Johnny Mandel
Artistas: João Gilberto, Caetano
Veloso, Gilberto Gil y Maria
Bethânia

LADO A

1. Aquarela do Brasil (Ary Barroso)
2. Disse Alguém (All Of Me) (Seymour Simons, Gerald Marks,
Vrs. Haroldo Barbosa)
3. Bahia Com H (Denis Brean)

LADO B

1. No Tabuleiro da Baiana (Ary Barroso)
2. Milagre (Dorival Caymmi)
3. Cordeiro de Nanã (Mateus Aleluia, Dadinho)

1981
LUAR
(A GENTE PRECISA
VER O LUAR)

Sello: WEA — BR 36.180
Productor: Liminha

LADO A

1. A Gente Precisa Ver O Luar (Gilberto Gil)
2. Palco (Gilberto Gil)
3. Sonho Molhado (Gilberto Gil)
4. Lente do Amor (Gilberto Gil)
5. Morena (Gilberto Gil, Cassiano)

LADO B

1. Cara A Cara (Caetano Veloso)
2. Cores Vivas (Gilberto Gil)
3. Axé Baba (Gilberto Gil)
4. Flora (Gilberto Gil)
5. Se Eu Quiser Falar Com Deus (Gilberto Gil)

1982
UM BANDA UM

Sello: WEA — BR 26.063
Productor: Liminha

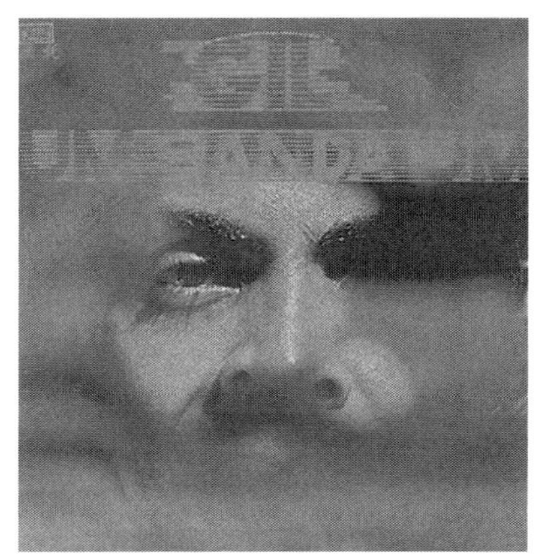

LADO A

1. Banda Um (Gilberto Gil)

2. Afoxé É (Gilberto Gil)

3. Metáfora (Gilberto Gil)

4. Deixar Você (Gilberto Gil)

5. Pula Caminha (Marino Pinto, Manezinho Araújo)

LADO B

1. Andar Com Fé (Gilberto Gil)

2. Drão (Gilberto Gil)

3. Esotérico (Gilberto Gil)

4. Menina do Sonho (Gilberto Gil)

5. Ê Menina (João Donato, Guarabyra)

6. Nossa (Gilberto Gil)

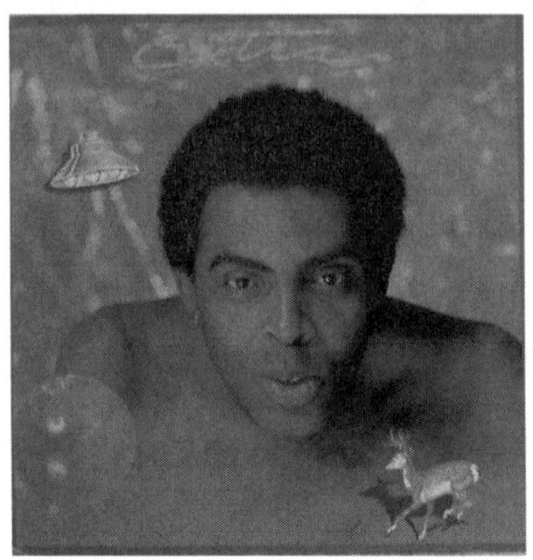

1983
EXTRA

Sello: WEA — BR 36.198
Productor: Liminha

LADO A

1. Extra (Gilberto Gil)

2. E Lá Poeira (Gilberto Gil, Banda Um)

3. Mar de Copacabana (Gilberto Gil)

4. A Linha E O Linho (Gilberto Gil)

5. Preciso de Você (Gilberto Gil) Participação: Nara Gil

LADO B

1. Punk da Periferia (Gilberto Gil)

2. Funk-se Quem Puder (Gilberto Gil)

3. Dono do Pedaço (Gilberto Gil, Waly Salomão, Antônio Cícero)

4. Lady Neyde (Gilberto Gil, Antônio Risério)

5. O Veado (Gilberto Gil)

1984
RAÇA HUMANA

Sello: WEA — BR 36.201
Productor: Liminha

LADO A

1. Extra II (O Rock do Segurança) (Gilberto Gil)

2. Feliz Por Um Triz (Gilberto Gil)

3. Pessoa Nefasta (Gilberto Gil)

4. Tempo Rei (Gilberto Gil)

LADO B

1. Vamos Fugir (Gilberto Gil, Liminha)

2. A Mão da Limpeza (Gilberto Gil)

3. Índigo Blue (Gilberto Gil)

4. Vem Morena (Luiz Gonzaga, Zé Dantas)

5. Raça Humana (Gilberto Gil)

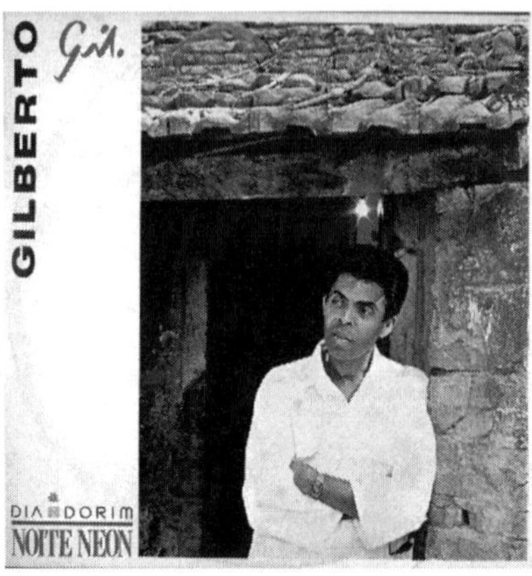

1985
DIA DORIM NOITE NEON

Sello: WEA — BR 36.207
Productor: Liminha

LADO A

1. Minha Ideologia Minha Religião (Gilberto Gil)
2. Nos Barracos da Cidade (Gilberto Gil, Liminha)
Barracos (Liminha, Gilberto Gil)
3. Roque Santeiro o Rock (Gilberto Gil)
4. Seu Olhar (Gilberto Gil)
5. Febril (Gilberto Gil)
6. Touche Pas a Mon Pote (Gilberto Gil)

LADO B

1. Logos Versus Logo (Gilberto Gil)
2. Oração Pela Libertação da África do Sul (Gilberto Gil)
3. Clichê do Clichê (Gilberto Gil, Vinícius Cantuária)
4. Casinha Feliz (Gilberto Gil)
5. Duas Luas (Jorge Mautner)

1987
SOY LOCO POR TI, AMÉRICA

Sello: WEA — 254 986-1
Productor: Liminha

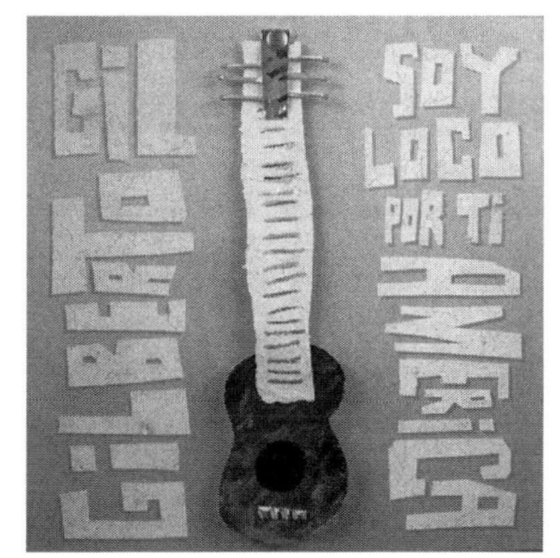

LADO A
1. Aquele Abraço (Gilberto Gil)

2. Vida (Roger Kedyh, Maria Juçá)

3. Mamma (Gilberto Gil)

4. Soy Loco Por Ti, América (Gilberto Gil, Capinan)

LADO B
1. Babá Alapalá (Gilberto Gil)

2. Jubiabá (Gilberto Gil)

3. Mar de Copacabana (Gilberto Gil)

4. Mardi Dix Mars (Gilberto Gil)

1987
AO VIVO EM TOKYO

Sello: Geleia Geral — 22025460.

LADO A

1. Nos Barracos da Cidade (Gilberto Gil, Liminha)
2. Vamos Fugir (Gilberto Gil, Liminha)
3. Aquele Abraço (Gilberto Gil)
4. Oriente (Gilberto Gil)
5. Flora (Gilberto Gil)

LADO B

1. Sarará Miolo (Gilberto Gil)
2. Banda Um (Gilberto Gil)
3. Touche Pas a Mon Pote (Gilberto Gil)
4. Toda Menina Baiana (Gilberto Gil)
5. Não Chore Mais (No Woman, No Cry) (Vincent Ford, Vrs. Gilberto Gil)

1987
GILBERTO GIL
EM CONCERTO

Sello: Geleia Geral — 670.9001
Productor: Liminha
Grabado en el Teatro Municipal
y en el Copacabana Palace, Río
de Janeiro, 1986.

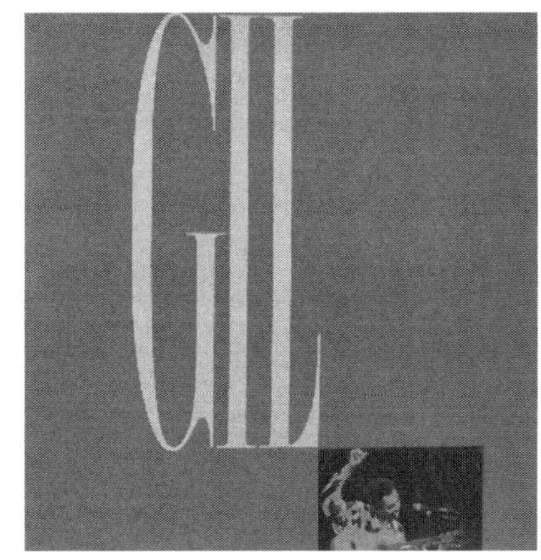

LADO A
1. Eu Vim da Bahia (Gilberto Gil)
2. Procissão (Gilberto Gil)
3. Domingo No Parque (Gilberto Gil)
4. Soy Loco Por Ti, América (Gilberto Gil, Capinan)
5. Mamma (Gilberto Gil)

LADO B
1. Cores Vivas (Gilberto Gil)
2. Só Chamei Porque Te Amo (I Just Called To Say I Love You)
(Stevie Wonder, Vrs. Gilberto Gil)
3. Filhos de Gandhi (Gilberto Gil)
4. Palco (Gilberto Gil)

1987
UM TREM PARA AS ESTREL
TRILHA SONORA DO FILMI

Sello: Globo — 402.0002
Productor: Liminha
*Banda sonora de la película de
Cacá Diegues.*

LADO A

1. Pra Fazer o Sol Nascer (Gilberto Gil) Intérpretes: Gilberto Gil
2. Copacabana Funk (Gilberto Gil)
3. Pagode da Santinha (Anilton da Costa, Douglas Sarão Bezerra)
Intérpretes: Grupo Guiné
4. Camila (Gilberto Gil)
5. Milagre na Favela (Gilberto Gil)
6. A Santa na Cruz (Gilberto Gil)

LADO B

1. Um Trem Para As Estrelas (Cazuza, Gilberto Gil)
Intérpretes: Gilberto Gil e Cazuza
2. A Existência do Sol (Gilberto Gil)
3. Romance do Cabo Com a Santa (Gilberto Gil)
4. Agonia de Drime (Gilberto Gil)
5. Morte de Drime (Gilberto Gil)
6. Noite de Amor (Gilberto Gil)
7. Fox no Mercado (Gilberto Gil)

1989
O ETERNO DEUS MU DANÇA

Sello: Warner — 670.8059
Productores: Celso Fonseca
y Vitor Farias

LADO A

1. O Eterno Deus Mu Dança (Gilberto Gil, Celso Fonseca)
Participação: Ed Motta
2. Mulher de Coronel (Gilberto Gil)
3. De Bob Dylan a Bob Marley Um Samba Provocação (Gilberto Gil)
4. Cada Tempo Em Seu Lugar (Gilberto Gil)
5. Baticum (Chico Buarque, Gilberto Gil) Participação: Chico Buarque

LADO B

1. Do Japão (Gilberto Gil)
2. Mon Thiers Monde (Gilberto Gil)
3. Amarra o Teu Arado a Uma Estrela (Gilberto Gil)
4. Réquiem Pra Mãe Menininha do Gantois (Gilberto Gil)
5. Toda Saudade (Gilberto Gil)

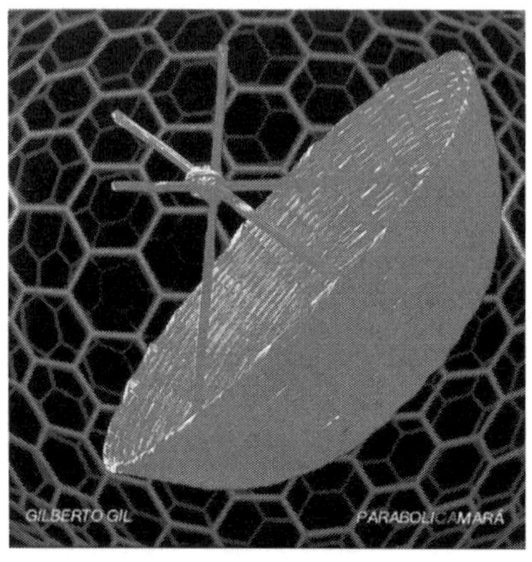

1991
PARABOLICAMARÁ

Sello: Warner — 01397
Productor: Liminha

LADO A

1. Madalena (Entra Em Beco, Sai Em Beco) (Isidoro, Adpt. Gilberto Gil)
2. Parabolicamará (Gilberto Gil)
3. Um Sonho (Gilberto Gil)
4. Buda Nagô (Gilberto Gil)
Participação: Nana Caymmi
5. Serafim (Gilberto Gil)

LADO B

1. Quero Ser Teu Funk (Gilberto Gil, Dé, Liminha)
2. Neve na Bahia (Gilberto Gil)
3. Yá Olokum (Mônica Millet, Fred Vieira)
4. O Fim da História (Gilberto Gil)
5. De Onde Vem O Baião (Gilberto Gil)

1992
TROPICÁLIA 2

Sello: Polygram — 518 178-1
Productor: Liminha

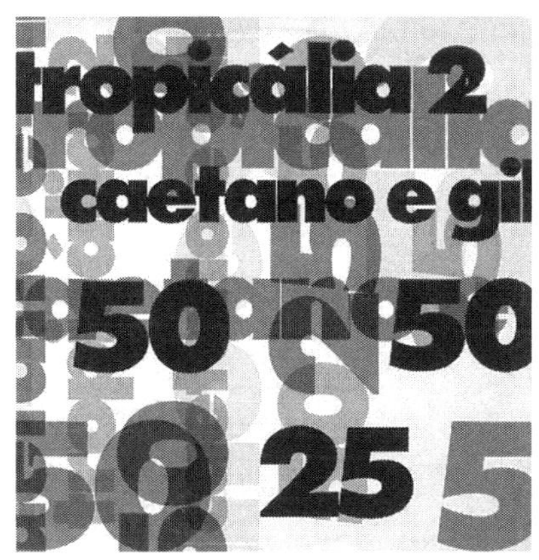

LADO A

1. Haiti (Gilberto Gil, Caetano Veloso)

2. Cinema Novo (Gilberto Gil, Caetano Veloso)

3. Nossa Gente (Avisa Lá) (Roque Carvalho)

4. Rap Popcreto (Caetano Veloso)

5. Wait Until Tomorrow (Jimi Hendrix)

6. Tradição (Gilberto Gil)

LADO B

1. As Coisas (Gilberto Gil, Arnaldo Antunes)

2. Aboio (Caetano Veloso)

3. Dada (Caetano Veloso, Gilberto Gil)

4. Cada Macaco No Seu Galho (Riachão)

5. Baião Atemporal (Gilberto Gil)

6. Desde Que O Samba É Samba (Caetano Veloso)

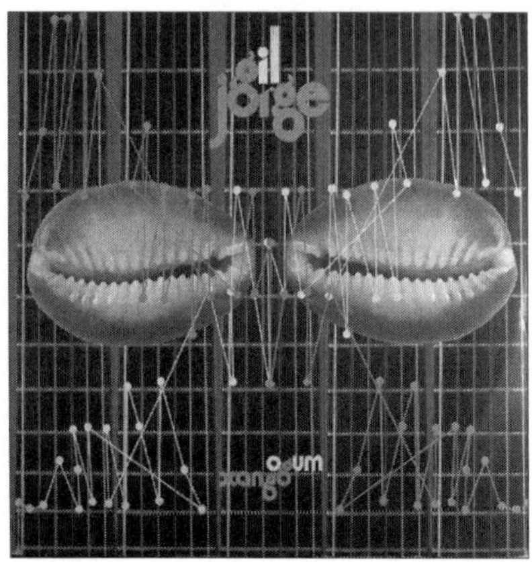

1994
UNPLUGGED

Sello: Warner — 995323-2
Grabado en vivo para el program
de MTV.

1. A Novidade (Herbert Vianna, Bi Ribeiro, João Barone, Gilberto Gil)
2. Tenho Sede (Dominguinhos, Anastácia)
3. Refazenda (Gilberto Gil)
4. Realce (Gilberto Gil)
5. Esotérico (Gilberto Gil)
6. Drão (Gilberto Gil)
7. A Paz (João Donato, Gilberto Gil)
8. Beira Mar (Gilberto Gil, Caetano Veloso)
9. Sampa (Caetano Veloso)
10. Parabolicamará (Gilberto Gil)
11. Tempo Rei (Gilberto Gil)
12. Expresso 2222 (Gilberto Gil)
13. Aquele Abraço (Gilberto Gil)
14. Palco (Gilberto Gil)
15. Toda Menina Baiana (Gilberto Gil)
16. Sítio do Pica-Pau Amarelo (Gilberto Gil)

1997
QUANTA
(DISCO 1)

Sello: Warner — 063013033-2
Productor: Liminha

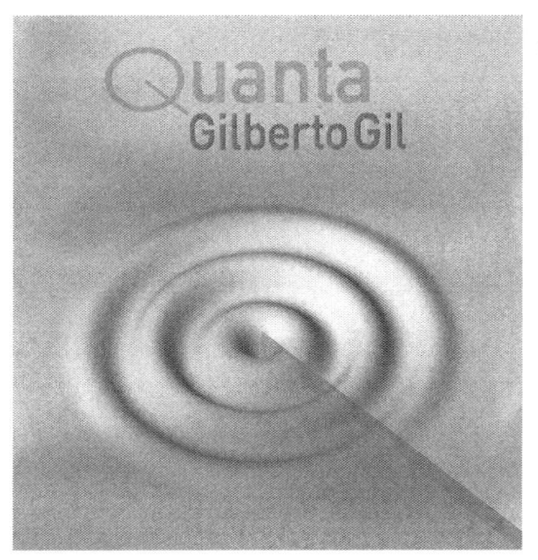

1. Quanta (Gilberto Gil)
Participação: Milton Nascimento
2. Ciência e Arte (Cartola, Carlos Cachaça)
3. Estrela (Gilberto Gil)
4. Dança De Shiva (Gilberto Gil)
5. Vendedor de Caranguejo (Gordurinha)
6. Água Benta (Gilberto Gil)
7. Chiquinho Azevedo (Gilberto Gil)
8. Pílula De Alho (Gilberto Gil)
9. Opachorô (Gilberto Gil)
10. Graça Divina (Gilberto Gil)
11. Pela Internet (Gilberto Gil)
12. Guerra Santa (Gilberto Gil)
13. Objeto Sim, Objeto Não (Gilberto Gil)

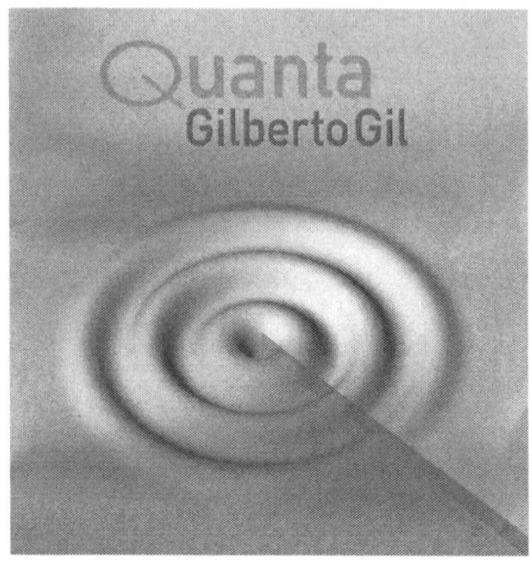

1997
QUANTA
(DISCO 2)

Sello: Warner — 063013033-2
Productor: Liminha

1. A Ciência Em Si (Gilberto Gil, Arnaldo Antunes)
2. Átimo De Pó (Gilberto Gil/Carlos Rennó)
3. Labirinto (Jorge Mautner, Nelson Jacobina)
4. Fogo Líquido (Gilberto Gil)
5. Pop Wu Wei (Gilberto Gil)
6. O Lugar Do Nosso Amor (Gilberto Gil)
7. De Ouro E Marfim (Gilberto Gil)
8. Sala Do Som (Gilberto Gil)
9. Um Abraço No João (Gilberto Gil)
10. O Mar E O Lago (Gilberto Gil)
11. La Lune de Gorée (Gilberto Gil, Capinan)
12. Nova (Gilberto Gil, Moreno Veloso)
13. Objeto Ainda Menos Identificado (Lucas Santtana, Moreno Veloso)

1998
QUANTA GENTE VEIO VER

Sello: Warner — 398422067-2
Grabado en vivo en el Teatro João Caetano, Río de Janeiro, los días 13 y 14 de agosto de 1997.

1. Introdução (Sandrão)
2. Palco (Gilberto Gil)
3. Is This Love (Bob Marley)
4. Stir It Up (Bob Marley)
5. Refavela (Gilberto Gil)
6. Vendedor de Caranguejo (Gordurinha)
7. Quanta (Gilberto Gil)
8. Estrela (Gilberto Gil)
9. Pela Internet (Gilberto Gil)
10. Cérebro Eletrônico (Gilberto Gil)
11. Opachorô (Gilberto Gil)
12. Copacabana (João de Barro, Alberto Ribeiro)
13. A Novidade (Herbert Vianna, Bi Ribeiro, João Barone, Gilberto Gil)
14. O Ghandi (Antônio do Caixão)
15. De Ouro E Marfim (Gilberto Gil)
16. Doce De Carnaval (Candy All) (Gilberto Gil)
17. Lamento De Carnaval (Gilberto Gil) Participação: Lulu Santos
18. Pretinha (Gilberto Gil, Kátia Falcão, João Donato)

1998
CIDADE DE SALVADOR
(DISCO 1)

Sello: Polygram — 538 592-2
Pesquisa: Marcelo Fróes
Antología de grabaciones perdida
inéditas grabadas entre 1973 y 197

1. Meio de Campo (Gilberto Gil)
2. Eu Só Quero Um Xodó (Dominguinhos, Anastácia)
3. Edyth Cooper (Gilberto Gil)
4. Umeboshi (Gilberto Gil)
5. Essa É Pra Tocar no Rádio (Gilberto Gil)
6. Tradição (Gilberto Gil)
7. Minha Nega na Janela (Germano Mathias, Doca)
8. Ó, Maria (Gilberto Gil)
9. A Última Valsa (Gilberto Gil, Rogério Duarte)
10. Ladeira da Preguiça (Gilberto Gil)
11. Rainha do Mar (Dorival Caymmi)
12. Iansã (Gilberto Gil, Caetano Veloso)
13. Doente, Morena (Duda Machado, Gilberto Gil)

1998
CIDADE DE SALVADOR
(DISCO 2)

Sello: Polygram — 538 592-2
Pesquisa: Marcelo Fróes
*Antología de grabaciones perdidas o
inéditas grabadas entre 1973 y 1974.*

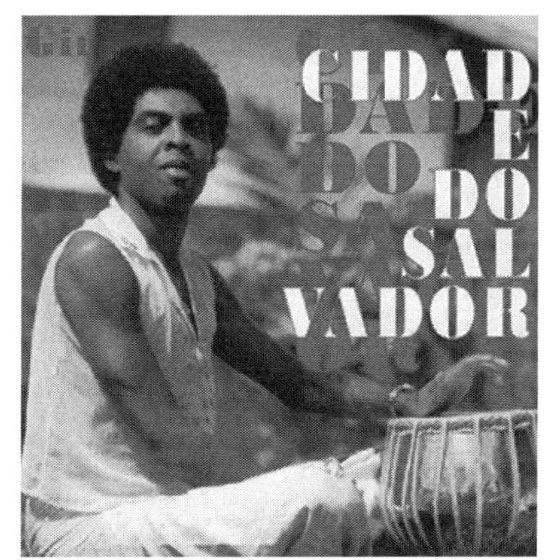

1. Cidade Do Salvador (Gilberto Gil)
2. Imbalança (Luiz Gonzaga, Zé Dantas)
3. Duplo Sentido (Gilberto Gil)
4. Preciso Aprender A Só Ser (Gilberto Gil)
5. Maracatu Atômico (Jorge Mautner, Nelson Jacobina)
6. Maracatu Atômico (Jorge Mautner, Nelson Jacobina)
7. Todo Dia É Dia D (Carlos Pinto, Torquato Neto)
8. Esses Moços (Pobres Moços) (Lupicínio Rodrigues)
9. Meditação (Gilberto Gil)
10. Pocalipi (Gilberto Gil)
11. Pocalipi (Gilberto Gil)
12. Maracatu Atômico (Jorge Mautner, Nelson Jacobina)

1998
O VIRAMUNDO
AO VIVO 1972-1976

Sello: Polygram — 538 589-2
Pesquisa: Marcelo Fróes
*Antología de grabaciones inéditas
vivo, realizadas entre 1972 y 1976.*

1. Cada Macaco No Seu Galho (Riachão)
2. Ele e Eu (Gilberto Gil)
3. Back In Bahia (Gilberto Gil)
4. Expresso 2222 (Gilberto Gil)
5. Objeto Sim, Objeto Não (Gilberto Gil)
6. Oriente (Gilberto Gil)
7. Procissão (Gilberto Gil)
8. Domingo No Parque (Gilberto Gil)
9. O Bom Jogador (Gilberto Gil)
10. Brand New Dream (Gilberto Gil)
11. Viramundo (Gilberto Gil, Capinan)
12. Baby Hippie (Jorge Mautner)
13. Músico Simples (Gilberto Gil)
14. Lamento Sertanejo (Dominguinhos, Gilberto Gil)
15. Planeta Dos Macacos (Jorge Mautner, Jards Macalé)
16. Gaivota (Gilberto Gil)
17. Queremos Saber (Gilberto Gil)
18. A Sociedade Afluente (Gilberto Gil)
19. Filhos de Gandhi (Gilberto Gil)

1998
SATISFAÇÃO

Sello: Polygram — R 765.087 L
Pesquisa: Marcelo Fróes
Antología de canciones inéditas y
rescatadas grabadas entre 1976 y
1977.

1. Ninguém Segura Este País (Gilberto Gil)
2. Satisfação (Gilberto Gil)
3. Sentimentos (Mijinha); Ladeira da Preguiça (Gilberto Gil)
4. Há, Há, Há (Gilberto Gil) Participação: Chico Batera, A Cozinha Manteca
5. Tiu, Ru, Ru (Cat Stevens, Gilberto Gil) Participação: Chico Batera,
A Cozinha Manteca
6. A Bruxa De Mentira (João Donato, Gilberto Gil) Participação: João Donato
7. Chuck Berry Fields Forever (Gilberto Gil) Participação: Doces Bárbaros
8. Sarará Miolo (Gilberto Gil)
Participação: Nara Leão
9. É (Gilberto Gil)
10. Músico Simples (Gilberto Gil)
11. Sala Do Som (Gilberto Gil)
1. Brazil Very Happy Band (Gilberto Gil) Participação: Brazil Very Happy Band
13. Tipo África (P. Santana, R. Silva, C. Teixeira, R. Sabino, D. Correia, Julinho,
Chocolate) Participação: Brazil Very Happy Band
14. Ojú Obá (Edil Pacheco, Paulo César Pinheiro)

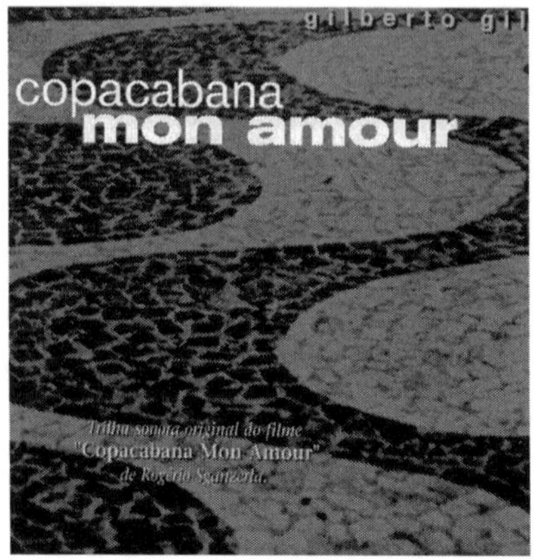

1998
COPACABANA MON AMOUR
TRILHA SONORA DO FILME

Sello: Polygram — 012 919-2
*Banda sonora de la película de
Rogério Sganzerla, hasta entonces
inédita.*

1. Diga A Ela (1ª Versão) (Gilberto Gil)
2. Mr. Sganzerla (Gilberto Gil)
3. Blind Faith (Gilberto Gil)
4. Yeh Yeh Yah Yah (Gilberto Gil)
5. Tomorrow Vai Ser Bacana (Gilberto Gil)
6. Diga A Ela (@ª Versão) (Gilberto Gil)

1998
O SOL DE OSLO

Sello: Pau Brasil — PB 014
*Grabado en el Rainbow Studio,
Oslo, Noruega.*

1. Tatá Engenho Novo (Tradicional)

2. Mana (Tradicional)

3. Dezessete Na Corrente (Edgard Ferreira, Manoel Firmino Alves)

4. Xote (Gilberto Gil, Rodolfo Stroeter)

5. Eu Te Dei Meu Ané (Gilberto Gil, Marlui Miranda)

6. Kaô (Gilberto Gil, Rodolfo Stroeter)

7. Ciranda (Gilberto Gil, Moacir Santos)

8. Rep (Gilberto Gil)

9. Onde O Xaxado Tá (Gilberto Gil, Rodolfo Stroeter)

10. Língua do P (Gilberto Gil)

11. A Santinha Lá Da Serra (Moacir Santos, Vinicius de Moraes)

12. Ai Baiano (Tradicional)

13. Bastiana (Marlui Miranda)

14. Oslodum (Gilberto Gil)

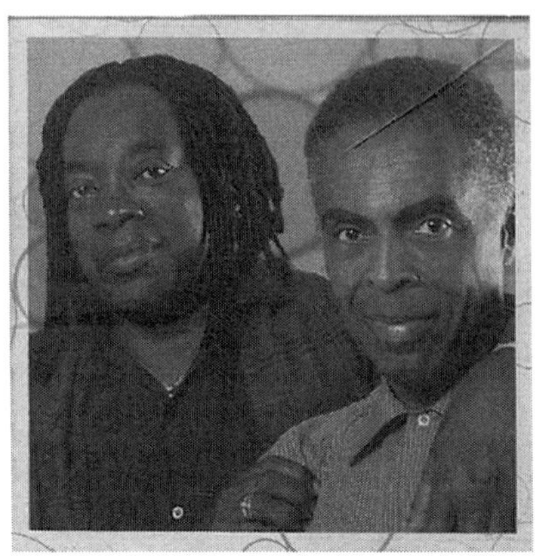# 2000
GIL E MILTON

Sello: Warner — 8579385738-2
Productor: Guto Graça Mello
Artistas: Gilberto Gil y
Milton Nascimento

1. Sebastian (Gilberto Gil, Milton Nascimento)
2. Duas Sanfonas (Gilberto Gil, Milton Nascimento)
3. Ponta de Areia (Milton Nascimento, Fernando Brant)
4. Bom Dia (Gilberto Gil, Nana Caymmi)
5. Trovoada (Gilberto Gil, Milton Nascimento)
6. Something (George Harrison)
7. Maria (Ary Barroso, Luis Peixoto)
8. Lar Hospitalar (Milton Nascimento, Gilberto Gil)
9. Yo Vengo A Ofrecer Mi Corazón (Fito Paez)
10. Dora (Dorival Caymmi)
11. Xica da Silva (Jorge Ben Jor)
12. Canção do Sal (Milton Nascimento)
13. Dinamarca (Milton Nascimento, Gilberto Gil)
14. Palco (Gilberto Gil)
15. Baião da Garoa (Luiz Gonzaga, Hervé Cordovil)

2000
AS CANÇÕES DE
EU TU ELES

Sello: Warner — 857382768-2
Productor: Gilberto Gil
Grabado en el Rainbow Studio,
Oslo, Noruega.

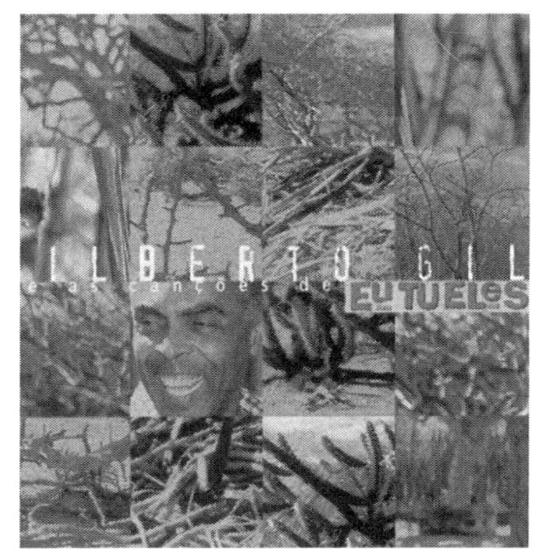

1. Óia Eu Aqui de Novo (Antônio Barros)
2. Baião da Penha (Guio de Morais, David Nasser)
3. Esperando Na Janela (Targino Gondim, Manuca Almeida,
Raimundinho do Acordeon)
4. Juazeiro (Luiz Gonzaga, Humberto Teixeira)
5. Último Pau-de-Arara (Venâncio, Corumba, José Guimarães)
6. Asa Branca (Luiz Gonzaga, Humberto Teixeira)
7. Qui Nem Jiló (Luiz Gonzaga, Humberto Teixeira)
8. Assum Preto (Luiz Gonzaga, Humberto Teixeira)
9. Pau-de-Arara (Guio de Morais, Luiz Gonzaga)
10. A Volta da Asa Branca (Luiz Gonzaga, Zé Dantas)
11. O Amor Daqui De Casa (Gilberto Gil)
12. As Pegadas Do Amor (Gilberto Gil)
13. Lamento Sertanejo (Dominguinhos, Gilberto Gil)
14. Casinha Feliz (Gilberto Gil)

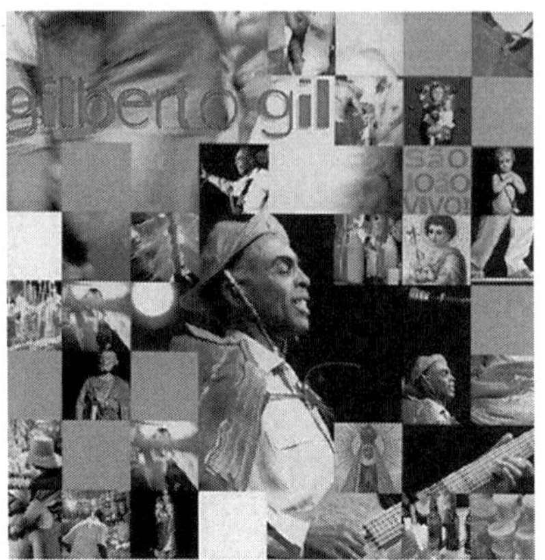

2001
SÃO JOÃO AO VIVO

Sello: Warner — 857385964-2
Productor: Gilberto Gil
Grabado en vivo en Vila Funchal, Paulo, el 11 de junio de 2000

1. Olha Pro Céu (Luiz Gonzaga, José Fernandes)
2. Óia Eu Aqui de Novo (Antônio Barros)
3. Asa Branca (Luiz Gonzaga, Humberto Teixeira)
4. Baião da Penha (Guio de Morais, David Nasser)
5. Qui Nem Jiló (Luiz Gonzaga, Humberto Teixeira)
6. Baião (Luiz Gonzaga, Humberto Teixeira); De Onde Vem O Baião (Gilberto Gil)
7. Lamento Sertanejo (Dominguinhos, Gilberto Gil)
8. Cajuína (Caetano Veloso); Refazenda (Gilberto Gil)
9. Pau-de-Arara (Guio de Morais, Luiz Gonzaga)
10. Respeita Januário (Luiz Gonzaga, Humberto Teixeira)
11. O Xote das Meninas (Luiz Gonzaga, Zé Dantas)
12. Eu Só Quero Um Xodó (Dominguinhos, Anastácia)
13. Vem Morena (Luiz Gonzaga, Zé Dantas)
14. Esperando Na Janela (Targino Gondim, Manuca Almeida, Raimundinho do Acc
15. Último Pau-de-Arara (Venâncio, Corumba, José Guimarães)
16. Madalena (Entra Em Beco, Sai Em Beco) (Isidoro, Adpt. Gilberto Gil)
17. Toda Menina Baiana (Gilberto Gil)
18. Na Casa Dela (Gilberto Gil)

2002
KAYA N'GAN DAYA

Sello: Warner — 092742166-2
Productor: Tom Capone

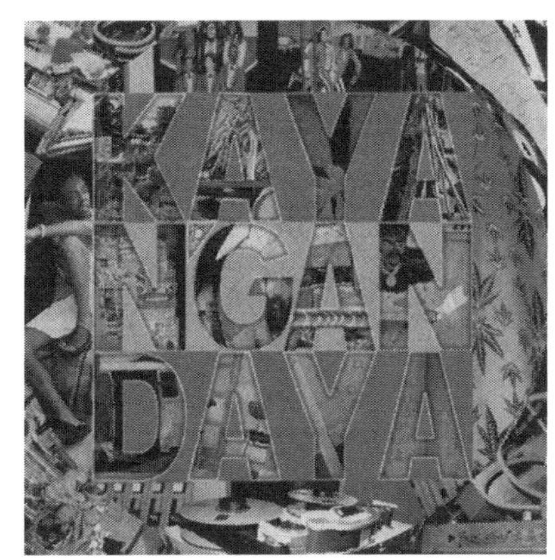

1. Buffalo Soldier (Bob Marley, Noel George Williams)
2. One Drop (Bob Marley)
3. Waiting In Vain (Bob Marley)
4. Table Tennis Table (Gilberto Gil)
5. Three Little Birds (Bob Marley)
6. Não Chore Mais (No Woman, No Cry) (Vincent Ford, Vrs. Gilberto Gil)
Participação: Os Paralamas do Sucesso
7. Positive Vibration (Vincent Ford)
8. Could You Be Loved (Bob Marley) Participação: Henrique Portugal, Samuel Rosa
9. Kaya N'gan Daya (Kaya) (Bob Marley, Vrs. Gilberto Gil)
10. Rebel Music (3 O'Clock Road Block) (Aston Barrett, Hugh Peart)
11. Them Bellyfull (But We Hungry) (Carlton Barrett, Lecon Cogill)
Participação: Os Paralamas do Sucesso
12. Tempo Só (Time Will Tell) (Bob Marley, Vrs. Gilberto Gil)
13. Easy Skankin' (Bob Marley)
14. Turn Your Lights Down Low (Bob Marley)
15. Eleve-se Alto ao Céu (Lively Up Yourself) (Bob Marley, Vrs. Gilberto Gil)
16. Lick Samba (Bob Marley)

2002
TO BE ALIVE IS GOOD (ANOS 80)

Sello: Warner — 092747427-2
Compilador: Marcelo Fróes
Antología de canciones inéditas o perdidas grabadas en la década d[e] 1980.

1. It's Good To Be Alive (Versão 1985) (Gilberto Gil)
2. Titicaca (Gilberto Gil)
3. Afoxé Badauê (Paulinho Camafeu)
4. Corações À Mil (Gilberto Gil)
5. TV Punk (Gilberto Gil)
6. Oxalá (Cesta Cheia da Sexta) (Moraes Moreira, Paulo Leminski)
7. Pílula De Alho (Gilberto Gil)
8. Estrela (Gilberto Gil)
9. Quatro Modos (Gilberto Gil)
10. Música Moderna (Gilberto Gil)
11. Serafim (Gilberto Gil)
12. Noite De Lua Cheia (Gilberto Gil)
13. Todo Dia De Manhã (Gilberto Gil)
14. Punk da Periferia (Gilberto Gil)
15. Por Que Alguém Tem Inveja de Você (Gilberto Gil)
16. Sítio do Pica-Pau Amarelo (Versão 1985) (Gilberto Gil)
17. Pode, Waldir? (Gilberto Gil)

2002
IT'S GOOD TO BE ALIVE
(ANOS 90)

Sello: Warner — 092747427-2
Compilador: Marcelo Fróes
*Antología de canciones inéditas o
perdidas grabadas en la década de
1990.*

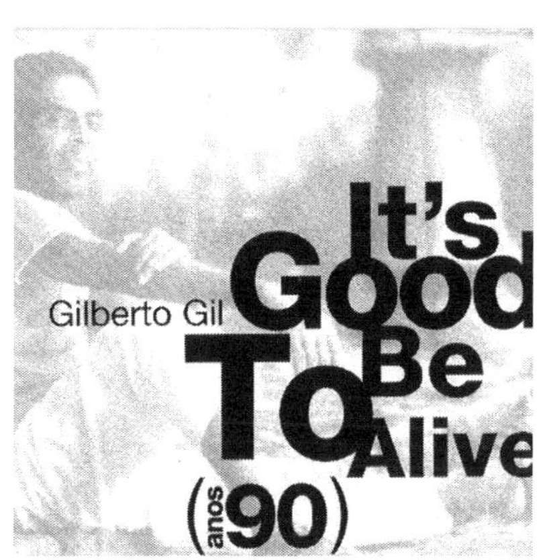

1. It's Good To Be Alive (Versão 1996) (Gilberto Gil)

2. Língua do P (Gilberto Gil)

3. Terra 90 (Gilberto Gil)

4. Treze De Dezembro (Luiz Gonzaga, Zé Dantas, Gilberto Gil)

5. Padroeiro do Brasil (Irany de Oliveira, Ari Monteiro)

6. Chiquinho Azevedo (Gilberto Gil)

7. A Faca E O Queijo (Gilberto Gil)

8. Poema Aritimimético (Gilberto Gil)

9. Afrolodumultimídia (Lucas Santtana, Quito Ribeiro)

10. Você e Você (Gilberto Gil)

11. Mãe Solteira (Wilson Batista, Jorge de Castro)

12. Pelo Telefone (Donga, Mauro de Almeida) Ao Vivo

13. Pela Internet (Gilberto Gil) Ao Vivo

14. Cérebro Eletrônico (Gilberto Gil) Ao Vivo

15. O Mar E O Lago (Gilberto Gil) Ao Vivo

16. Buda Nagô (Gilberto Gil) Ao Vivo

17. Aquele Abraço (Gilberto Gil) Ao Vivo

2002
SALVADOR 1962-1963

Sello: Warner — 092747212-2
Compilador: Marcelo Fróes
*Antilogía de canciones lanzadas en
1962 y 1963 en 78 rpm.*

1. Povo Petroleiro (Everaldo Guedes)
2. Coça, Coça, Lacerdinha (Everaldo Guedes)
3. Serenata Em Teleco-Teco (Gilberto Gil)
4. Maria Tristeza (Gilberto Gil)
5. Vontade De Amar (Gilberto Gil)
6. Meu Luar, Minhas Canções (Gilberto Gil)
7. Amor de Carnaval (Gilberto Gil)
8. Vem Colombina (Sivan Castelo Neto, Jorge Santos)

2003
KAYA N'GAN DAYA AO VIVO

Sello: Globo Warner — 3098-2
Productor: Tom Capone

1. Eleve-se Alto ao Céu (Lively Up Yourself) (Bob Marley, Vrs. Gilberto Gil)
2. Não Chore Mais (No Woman, No Cry) (Vincent Ford, Vrs. Gilberto Gil)
3. Kaya N'gan Daya (Kaya) (Bob Marley, Vrs. Gilberto Gil)
4. Rebel Music (3 O'Clock Road Block) (Aston Barrett, Hugh Peart)
5. Vamos Fugir (Gilberto Gil, Liminha)
6. Them Bellyfull (But We Hungry) (Carlton Barrett, Lecon Cogill)
7. A Novidade (Herbert Vianna, Bi Ribeiro, João Barone, Gilberto Gil)
8. Waiting In Vain (Bob Marley)
9. Three Little Birds (Bob Marley)
10. Garota de Ipanema (Tom Jobim, Vinicius de Moraes)
11. Extra (Gilberto Gil)
12. Nos Barracos da Cidade (Gilberto Gil, Liminha)
13. Is This Love (Bob Marley)
14. Could You Be Loved (Bob Marley)
15. Alagados (Herbert Vianna, Bi Ribeiro, João Barone)
16. Sítio do Pica-Pau Amarelo (Gilberto Gil)
17. Esperando Na Janela (Targino Gondim, Manuca Almeida,
Raimundinho do Acordeon)

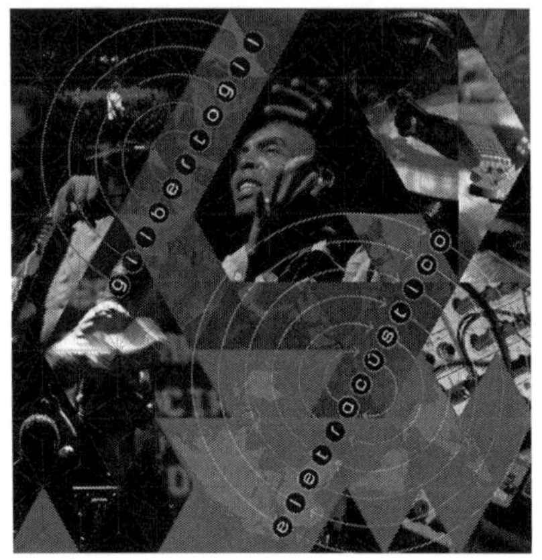

2004
ELETROACÚSTICO

Sello: Warner — 5050467589827
Productor: Liminha
Grabado en vivo en el Canecão, R.
de Janeiro, en septiembre de 2004

1. Refavela (Gilberto Gil)
2. Andar Com Fé (Gilberto Gil)
3. Chuck Berry Fields Forever (Gilberto Gil)
4. Cambalache (Enrique Santos Discépolo)
5. Imagine (John Lennon)
6. A Rita (Chico Buarque)
7. A Linha E O Linho (Gilberto Gil)
8. Aquele Abraço (Gilberto Gil)
9. Maracatu Atômico (Jorge Mautner, Nelson Jacobina)
10. Se Eu Quiser Falar Com Deus (Gilberto Gil)
11. La Lune de Gorée (Gilberto Gil, Capinan)
12. Three Little Birds (Bob Marley)
13. Guerra Santa (Gilberto Gil)
14. Soy Loco Por Ti, América (Gilberto Gil, Capinan)

2006
GIL LUMINOSO
(VOZ E VIOLÃO)

Sello: Biscoito Fino — BF 665
Productor: Bené Fonteles
Arreglos: Rogério Duprat

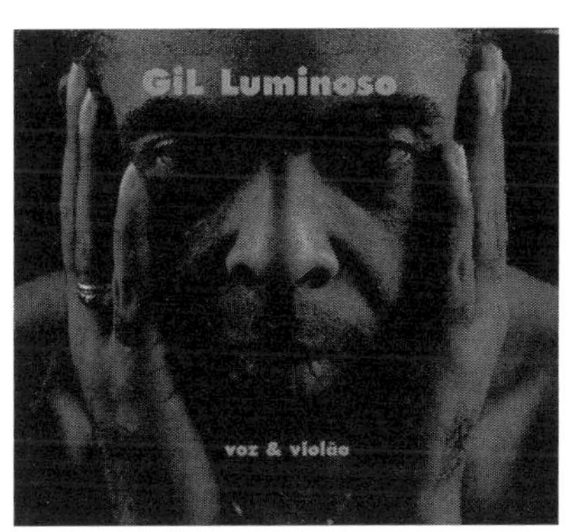

1. Preciso Aprender A Só Ser (Gilberto Gil)
2. Aqui e Agora (Gilberto Gil)
3. Copo Vazio (Gilberto Gil)
4. Retiros Espirituais (Gilberto Gil)
5. O Seu Amor (Gilberto Gil)
6. Tempo Rei (Gilberto Gil)
7. O Som da Pessoa (Gilberto Gil, Bené Fonteles)
8. Cérebro Eletrônico (Gilberto Gil)
9. Raça Humana (Gilberto Gil)
10. Você E Eu (Gilberto Gil)
11. Super-Homem (A Canção) (Gilberto Gil)
12. Rebento (Gilberto Gil)
13. Metáfora (Gilberto Gil)
14. Meditação (Gilberto Gil)
15. O Compositor Me Disse (Gilberto Gil)

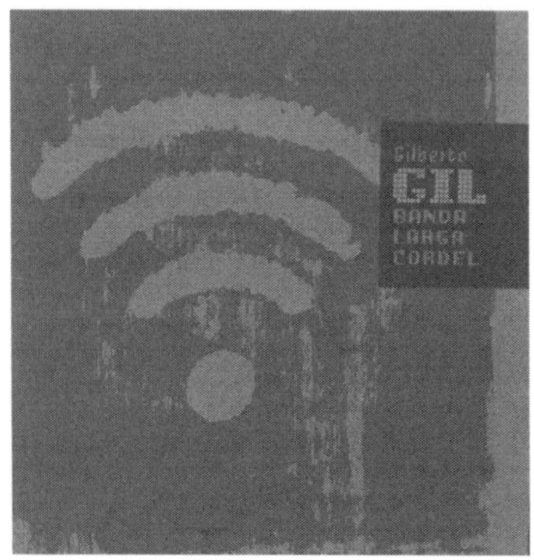

2008
BANDA LARGA CORDEL

Sello: Warner — 2564695033
Productor: Liminha

1. Despedida de Solteira (Gilberto Gil)
2. Os Pais (Jorge Mautner, Gilberto Gil)
3. Não Grude, Não (Gilberto Gil)
4. Formosa (Baden Powell, Vinicius de Moraes)
5. Samba de Los Angeles (Gilberto Gil)
6. La Renaissance Africaine (Gilberto Gil)
7. Olho Mágico (Gilberto Gil)
8. Não Tenho Medo da Morte (Gilberto Gil)
9. Amor de Carnaval (Gilberto Gil)
10. Gueixa No Tatame (Gilberto Gil)
11. A Faca E O Queijo (Gilberto Gil)
12. Outros Viram (Jorge Mautner, Gilberto Gil)
13. Canô (Gilberto Gil)
14. Máquina de Ritmo (Gilberto Gil)
15. Banda Larga Cordel (Gilberto Gil)
16. O Oco do Mundo (Gilberto Gil)

2008
BANDA DOIS

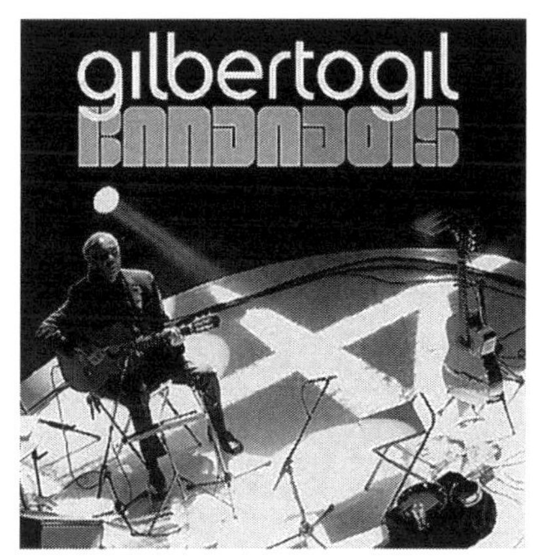

Sello: Warner — 2564684258
Grabado en el Teatro Bradesco, São Paulo, los días 18 y 29 de septiembre de 2009.

1. Esotérico (Gilberto Gil)
2. A Linha E O Linho (Gilberto Gil)
3. Super-Homem (A Canção) (Gilberto Gil)
4. Saudade da Bahia (Dorival Caymmi)
5. Chiclete Com Banana (Gordurinha, Almira Castilho)
6. Das Duas, Uma (Gilberto Gil)
7. Quatro Coisas (Gilberto Gil)
8. Amor Até O Fim (Gilberto Gil) Participação: Maria Rita
9. Lamento Sertanejo (Dominguinhos, Gilberto Gil)
10. O Rouxinol (Gilberto Gil, Jorge Mautner)
11. Refazenda (Gilberto Gil)
12. Banda Um (Gilberto Gil)
13. La Renaissance Africaine (Gilberto Gil)
14. Refavela (Gilberto Gil)
15. Babá Alapalá (Gilberto Gil)
16. Expresso 2222 (Gilberto Gil)

2010
FÉ NA FESTA

Sello: Universal — 60252741055
Productor: Sergio Chiavazolli

1. Fé Na Festa (Gilberto Gil)
2. O Livre-Atirador e a Pegadora (Gilberto Gil)
3. Assim, Sim (Gilberto Gil)
4. Estrela Azul do Céu (Gilberto Gil)
5. Marmundo (Gilberto Gil)
6. Vinte E Seis (Gilberto Gil)
7. Não Tenho Medo da Vida (Gilberto Gil)
8. Norte da Saudade (Perinho Santana, Moacir Albuquerque, Gilberto Gil)
9. Maria Minha (Targino Gondim, Eliezer Setton)
10. Aprendi Com O Rei (João Silva)
11. Dança da Moda (Luiz Gonzaga, Zé Dantas)
12. São João Carioca (Gilberto Gil, Nando Cordel)
13. Lá Vem Ela (Gilberto Gil, Vanessa da Mata)

2010
FÉ NA FESTA AO VIVO

Sello: Universal — 60252756740
Productor: Manuel Barebein
Arreglos: Rogério Duprat

1. Fé Na Festa (Gilberto Gil)

2. Dança da Moda (Luiz Gonzaga, Zé Dantas)

3. Assim, Sim (Gilberto Gil)

4. Óia Eu Aqui de Novo (Antônio Barros)

5. Respeita Januário (Luiz Gonzaga, Humberto Teixeira); O Xote das Meninas (Luiz Gonzaga, Zé Dantas); Eu Só Quero Um Xodó (Dominguinhos, Anastácia)

6. Lamento Sertanejo (Dominguinhos, Gilberto Gil)

7. Um Riacho, Um Caminho (Gilberto Gil, Dominguinhos)

8. Juazeiro (Luiz Gonzaga, Humberto Teixeira)

9. Estrela Azul do Céu (Gilberto Gil)

10. Aprendi Com O Rei (João Silva)

11. O Livre-Atirador e a Pegadora (Gilberto Gil)

12. Qui Nem Jiló (Luiz Gonzaga, Humberto Teixeira); Expresso 2222 (Gilberto Gil)

13. O Casamento da Raposa (Gerson Filho)

14. Olha Pro Céu (Luiz Gonzaga, José Fernandes)

15. Esperando Na Janela (Targino Gondim, Manuca Almeida, Raimundinho do Acordeon)

2011

GIL + 10 CONVIDA

Sello: Go 2 Music
Grabado en el Espaço Tom Jobi
(Rio de Janeiro)

1. Palco (Gilberto Gil)
2. A Linha E O Linho (Gilberto Gil) Participação: Lenine
3. Aquele Abraço (Gilberto Gil) Participação: Zeca Pagodinho
4. Extra II (O Rock do Segurança) (Gilberto Gil) Participação: Erasmo Carlos
5. Torpedo (Ana Carolina, Mombaça, Gilberto Gil) Participação: Ana Carolina
6. Andar Com Fé (Gilberto Gil); Vida (Roger Kedyh, Maria Juçá)
Participação: Preta Gil
7. Cálice (Chico Buarque, Gilberto Gil) Participação: Milton Nascimento
8. Lamento Sertanejo (Dominguinhos, Gilberto Gil)
Participação: Milton Nascimento, Maria Gadú
9. Acreditar (Dona Ivone Lara, Délcio Carvalho) Participação: Dona Ivone Lara
10. Alguém Me Avisou (Dona Ivone Lara) Participação: Dona Ivone Lara
11. Deixar Você (Gilberto Gil) Participação: Mart'nália
12. A Novidade (Herbert Vianna, Bi Ribeiro, João Barone, Gilberto Gil)
Participação: Os Paralamas do Sucesso
13. Essa É Pra Tocar no Rádio (Gilberto Gil)

2012

CONCERTO DE CORDAS
E MÁQUINAS DE RITMO

Sello: Biscoito Fino — BF 196-2
Arreglos: Jacques Morelenbaum
*Grabado en vivo en el Teatro
Municipal de Río de Janeiro, el 28
de mayo de 2012.*

1. Máquina de Ritmo (Gilberto Gil)
2. Eu Vim da Bahia (Gilberto Gil)
3. Estrela (Gilberto Gil)
4. Quanta (Gilberto Gil)
5. Futurível (Gilberto Gil)
6. Eu Descobri (Gilberto Gil)
7. Outra Vez (Tom Jobim)
8. Não Tenho Medo da Morte (Gilberto Gil)
9. Juazeiro (Luiz Gonzaga, Humberto Teixeira)
10. Tres Palabras (Osvaldo Farrés)
11. La Renaissance Africaine (Gilberto Gil)
12. Panis Et Circenses (Caetano Veloso, Gilberto Gil)
13. Oriente (Gilberto Gil)
14. Andar Com Fé (Gilberto Gil)
15. Domingo No Parque (Gilberto Gil)

2014
GILBERTO GIL E GAL COSTA
AO VIVO EM LONDRES 1971

Sello: Discobertas — 332161
Pesquisa: Marcelo Fróes
Grabado en vivo en el Student C
la City, University of London, el :
viembre de 1971. Pista 1 a 9, inter
de Gal Costa.

1. Coração Vagabundo (Caetano Veloso)
2. Sai do Sereno (Onildo Almeida)
3. Vapor Barato (Jards Macalé, Waly Salomão)
4. Como Dois E Dois (Caetano Veloso)
5. Dê Um Rolê (Moraes Moreira, Galvão)
6. Maria Bethânia (Caetano Veloso)
Bota A Mão Nas Cadeiras (Tradicional)
7. Chuva, Suor E Cerveja (Caetano Veloso)
8. Falsa Baiana (Geraldo Pereira)
9. Acauã (Zé Dantas)
10. Procissão (Gilberto Gil)
11. Brand New Dream (Gilberto Gil)
12. Expresso 2222 (Gilberto Gil)
13. Aquele Abraço (Gilberto Gil)
14. Sgt. Pepper's Lonely Hearts Club Band (John Lennon, Paul McCartney)
15. One O'Clock Last Morning 20th April 1970 (Gilberto Gil)
16. Oriente (Gilberto Gil)
17. Up From The Skies (Jimi Hendrix)
18. Viramundo (Gilberto Gil, Capinan)

2014
GILBERTO SAMBA

Sello: Sony — 88843037532
Productor: Bem Gil
e Moreno Veloso

1. Aos Pés da Cruz (Marino Pinto, Zé da Zilda)
2. Eu Sambo Mesmo (Janet de Almeida)
3. O Pato (Jaime Silva, Neuza Teixeira)
4. Tintim Por Tintim (Haroldo Barbosa, Geraldo Jacques)
5. Desde Que O Samba É Samba (Caetano Veloso)
6. Desafinado (Tom Jobim, Newton Mendonça)
7. Milagre (Dorival Caymmi)
8. Um Abraço No João (Gilberto Gil)
9. Doralice (Dorival Caymmi, Antônio Almeida)
10. Você E Eu (Carlos Lyra, Vinicius de Moraes)
11. Eu Vim da Bahia (Gilberto Gil)
12. Gilbertos (Gilberto Gil)

2014
GILBERTO SAMBA AO VIVO

Sello: Warner — 888750350220
Productor: Gilberto Gil

1. Aos Pés da Cruz (Marino Pinto, Zé da Zilda)
2. Você E Eu (Carlos Lyra, Vinicius de Moraes)
3. Tintim Por Tintim (Haroldo Barbosa, Geraldo Jacques)
4. Rosa Morena (Dorival Caymmi)
5. Desde Que O Samba É Samba (Caetano Veloso)
6. Rio Eu Te Amo (Gilberto Gil)
7. O Pato (Jaime Silva, Neuza Teixeira)
8. Doralice (Dorival Caymmi, Antônio Almeida)
9. Um Abraço No João (Gilberto Gil); Gilbertos (Gilberto Gil)
10. Ladeira da Preguiça (Gilberto Gil)
11. Desafinado (Tom Jobim, Newton Mendonça)
12. Máquina de Ritmo (Gilberto Gil)
13. Milagre (Dorival Caymmi)
14. Eu Sambo Mesmo (Janet de Almeida)
15. Mancada (Gilberto Gil); Chiclete Com Banana (Gordurinha, Almira Castilho)
16. Meio de Campo (Gilberto Gil)
17. Eu Vim da Bahia (Gilberto Gil)
18. Aquele Abraço (Gilberto Gil)
19. É Luxo Só (Ary Barroso, Luis Peixoto)

2015
**JORGE MAUTNER E
GILBERTO GIL
O POETA E O ESFOMEADO**

Sello: Discobertas — DB-392
Pesquisa: Marcelo Fróes
*Grabado en vivo en el Palácio
de Convenções do Anhembi, São
Paulo, en marzo de 1987.*

1. Positivismo (Noel Rosa, Orestes Barbosa)
2. Marcha Turca (W. A. Mozart)
3. Teu Olhar (Ismael Silva)
4. Casinha Feliz (Gilberto Gil)
5. Você Me Chamou de Nego (Gasolina)
6. A. E. I. O. U. (Lamartine Babo, Noel Rosa); Cores Vivas (Gilberto Gil)
7. Oração Pela Libertação da África do Sul (Gilberto Gil)
8. Vampiro (Jorge Mautner)
9. O Rouxinol (Gilberto Gil, Jorge Mautner)
10. O Filho Predileto de Xangô (Jorge Mautner)
11. Mamma (Gilberto Gil)
12. Maracatu Atômico (Jorge Mautner, Nelson Jacobina)
13. Hino da Figa (Gilberto Gil)

2015
CAETANO E GIL: DOIS AMIC
UM SÉCULO DE MÚSICA
(DISCO 1)

Sello: Sony — 88875179222
Ao vivo en el TV Multishow

1. Back In Bahia (Gilberto Gil)
2. Coração Vagabundo (Caetano Veloso)
3. Tropicália (Caetano Veloso)
4. Marginália II (Gilberto Gil, Torquato Neto)
5. É Luxo Só (Ary Barroso, Luis Peixoto)
6. De Manhã (Caetano Veloso)
7. As Camélias do Quilombo do Lebron (Caetano Veloso, Gilberto Gil)
8. Sampa (Caetano Veloso)
9. Terra (Caetano Veloso)
10. Nine Out Of Ten (Caetano Veloso)
11. Odeio (Caetano Veloso)
12. Tonada de Luna Llena (Simon Diaz)
13. Eu Vim da Bahia (Gilberto Gil)

2015
CAETANO E GIL: DOIS AMIGOS, UM SÉCULO DE MÚSICA (DISCO 2)

Sello: Sony — 88875179222
Ao vivo en el TV Multishow

1. Super-Homem (A Canção) (Gilberto Gil)
2. Come Prima (Mario Panzeri, Sandro Taccani, Vincenzo Di Paola)
3. Esotérico (Gilberto Gil)
4. Três Palavras (Osvaldo Farrés, Vrs. Clóvis Mello)
5. Drão (Gilberto Gil)
6. Não Tenho Medo da Morte (Gilberto Gil)
7. Expresso 2222 (Gilberto Gil)
8. Toda Menina Baiana (Gilberto Gil)
9. São João Xangô Menino (Caetano Veloso, Gilberto Gil)
10. Nossa Gente (Avisa Lá) (Roque Carvalho)
11. Andar Com Fé (Gilberto Gil)
12. Filhos de Gandhi (Gilberto Gil)
13. Desde Que O Samba É Samba (Caetano Veloso)
14. Domingo No Parque (Gilberto Gil)
15. A Luz de Tieta (Caetano Veloso)

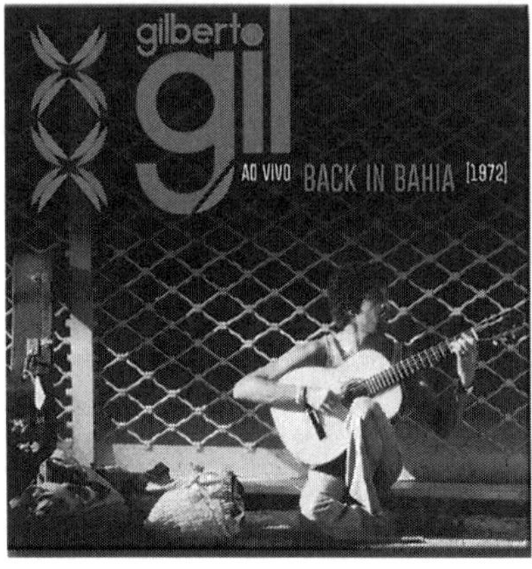

2017
**ANOS 70 AO VIVO
(BACK IN BAHIA)**

Sello: Discobertas — DBOX65
*Ao vivo en el Rio de Janeiro,
en 12 de marzo de 1972*

1. Back In Bahia (Gilberto Gil)
2. O Sonho Acabou (Gilberto Gil)
3. Expresso 2222 (Gilberto Gil)
4. O Canto da Ema (Alventino Cavalcanti, Aires Viana, João do Vale)
5. Aquele Abraço (Gilberto Gil)
6. Sai do Sereno (Onildo Almeida)
7. O Bom Jogador (Gilberto Gil)
8. Madalena (Entra Em Beco, Sai Em Beco) (Isidoro, Adpt. Gilberto Gil)
9. Cultura E Civilização (Gilberto Gil)
10. Brand New Dream (Gilberto Gil)
11. Oriente (Gilberto Gil)
12. Chiclete Com Banana (Gordurinha, Almira Castilho)
13. Back In Bahia (Gilberto Gil); Atrás do Trio Elétrico (Caetano Veloso)

2017
ANOS 70 AO VIVO
(UMEBOSHI)

Sello: Discobertas — DBOX65
Ao vivo en el Rio de Janeiro,
en abril de 1973

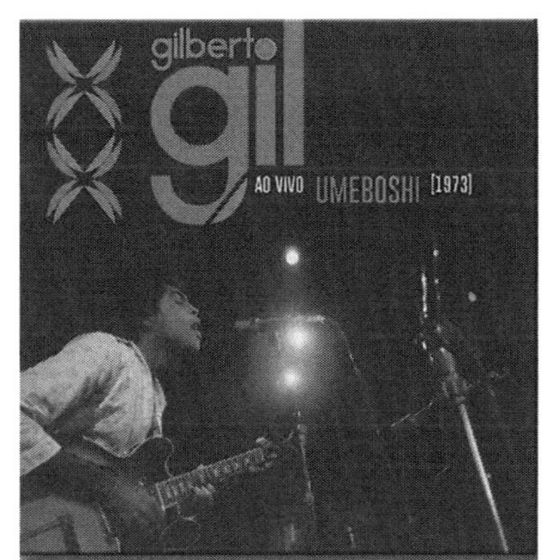

1. Essa É Pra Tocar no Rádio (Gilberto Gil)

2. Iansã (Gilberto Gil, Caetano Veloso)

3. Doente, Morena (Duda Machado, Gilberto Gil)

4. Duplo Sentido (Gilberto Gil)

5. Cidade Do Salvador (Gilberto Gil)

6. Imbalança (Luiz Gonzaga, Zé Dantas)

7. Ladeira da Preguiça (Gilberto Gil)

8. Umeboshi (Gilberto Gil)

9. Minha Nega na Janela (Germano Mathias, Doca)

10. Tradição (Gilberto Gil)

11. Preciso Aprender A Só Ser (Gilberto Gil)

12. Meio de Campo (Gilberto Gil)

13. Eu Só Quero Um Xodó (Dominguinhos, Anastácia)

14. Edyth Cooper (Gilberto Gil); Back In Bahia (Gilberto Gil);
Procissão (Gilberto Gil)

15. Preciso Aprender A Só Ser (Gilberto Gil)

16. Iansã (Gilberto Gil, Caetano Veloso)

17. Cidade de Salvador (Gilberto Gil)

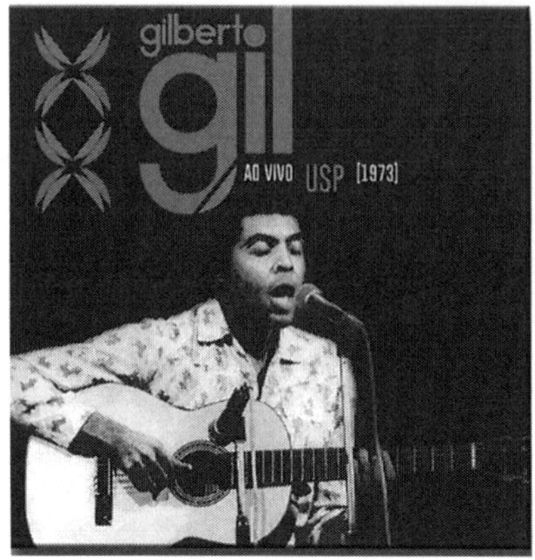

2017
**ANOS 70 AO VIVO
(AO VIVO NA USP
DISCO 1)**

Sello: Discobertas — DBOX65
*En vivo en la Universidad de São
Paulo, en mayo de 1973.*

1. Oriente (Gilberto Gil)
2. Apresentação (Gilberto Gil)
3. Chiclete Com Banana (Gordurinha/Almira Castilho)
4. Minha Nega na Janela (Germano Mathias, Doca)
5. Senhor Delegado (Antoninho Lopes, Jaú)
6. Eu Quero Um Samba (Haroldo Barbosa, Janet de Almeida)
7. Meio de Campo (Gilberto Gil)
8. Cálice (Chico Buarque, Gilberto Gil)
9. O Sonho Acabou (Gilberto Gil)
10. Ladeira da Preguiça (Gilberto Gil)
11. Expresso 2222 (Gilberto Gil)
12. Procissão (Gilberto Gil)
13. Domingo No Parque (Gilberto Gil)
14. Umeboshi (Gilberto Gil)

2017
ANOS 70 AO VIVO
(AO VIVO NA USP
DISCO 2)

Sello: Discobertas — DBOX65
*En vivo en la Universidad de São
Paulo, en mayo de 1973.*

1. Objeto Sim, Objeto Não (Gilberto Gil)
2. Ele e Eu (Gilberto Gil)
3. Duplo Sentido (Gilberto Gil)
4. Cidade Do Salvador (Gilberto Gil)
5. Iansã (Gilberto Gil, Caetano Veloso)
6. Eu Só Quero Um Xodó (Dominguinhos, Anastácia)
7. Edyth Cooper (Gilberto Gil)
8. Back In Bahia (Gilberto Gil)
(Afoxé (Dorival Caymmi); Oração de Mãe Menininha (Dorival Caymmi)
10. Preciso Aprender A Só Ser (Gilberto Gil)
11. Cálice (Chico Buarque, Gilberto Gil)

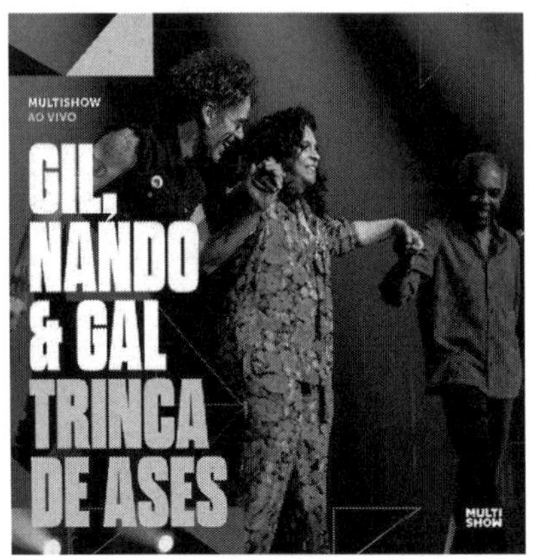

2017
TRINCA DE ASES
GAL COSTA, GILBERTO GIL
E NANDO REIS

Sello: Biscoito Fino — BF 532-4
Ao vivo en el Canal Multishow

1. Trinca De Ases (Gilberto Gil); Dupla De Ás (Nando Reis)
2. Palco (Gilberto Gil); Baby (Caetano Veloso)
3. All Star (Nando Reis)
4. Espatódea (Nando Reis); O Seu Lado De Cá (Nando Reis)
5. Esotérico (Gilberto Gil)
6. Cores Vivas (Gilberto Gil); Água-Viva (Nando Reis)
7. Retiros Espirituais (Gilberto Gil); Copo Vazio (Gilberto Gil)
8. Meu Amigo, Meu Herói (Gilberto Gil)
9. Relicário (Nando Reis); Pérola Negra (Luiz Melodia)
10. Refavela (Gilberto Gil)
11. Ela (Gilberto Gil)
12. Tocarte (Gilberto Gil, Nando Reis)
13. Dois Rios (Samuel Rosa, Lô Borges, Nando Reis)
14. Lately (Stevie Wonder) Nada Mais (Lately) (Stevie Wonder, Vrs. Ronaldo Bastos)
15. Por Onde Andei (Nando Reis)
16. Nos Barracos da Cidade (Gilberto Gil, Liminha)
17. O Segundo Sol (Nando Reis)
18. A Gente Precisa Ver O Luar (Gilberto Gil); Barato Total (Gilberto Gil)

2018
OK OK OK

Sello: Biscoito Fino — BF 574-2
Productor: Bem Gil y Liminha

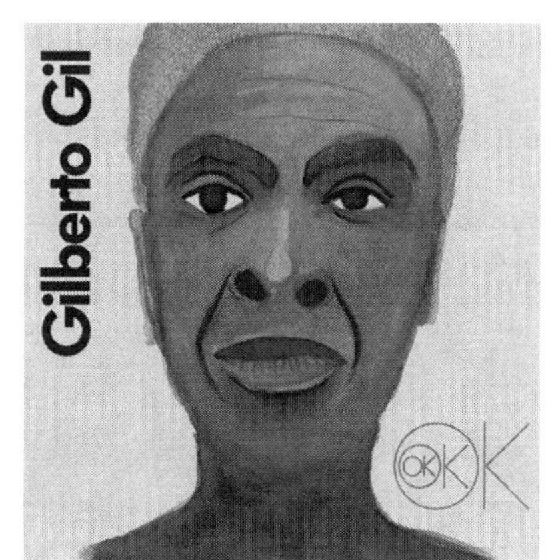

1. Ok Ok Ok (Gilberto Gil)

2. Na Real (Gilberto Gil)

3. Sereno (Gilberto Gil, Bem Gil)

4. Uma Coisa Bonitinha (Gilberto Gil, João Donato) Participação: João Donato

5. Quatro Pedacinhos (Gilberto Gil)

6. Ouço (Gilberto Gil)

7. Lia E Deia (Gilberto Gil)

8. Jacintho (Gilberto Gil)

9. Yamandu (Gilberto Gil) Participação: Yamandú Costa

10. Tartaruguê (Gilberto Gil) Participação: João Donato

11. Sol De Maria (Gilberto Gil)

12. Prece (Gilberto Gil)

13. Afogamento (Gilberto Gil, Jorge Bastos Moreno)
Participação: Roberta Sá

14. Kalil (Gilberto Gil)

15. Pela Internet 2 (Gilberto Gil)

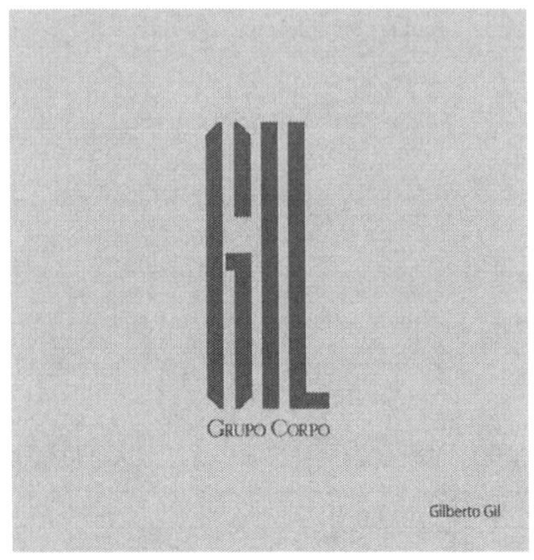

2019
GIL
TRILHA SONORA DO
ESPETÁCULO DO
GRUPO CORPO

Sello: Gegê Produções
Productor: Bem Gil

1. Intro (Gilberto Gil)
2. Choro Nº 1 (Gilberto Gil)
3. Improviso Choro Nº 1 (Gilberto Gil)
4. Intro (Gilberto Gil)
5. Seraphimu (Gilberto Gil)
6. Improviso Seraphimu (Gilberto Gil)
7. Solo Balafon (Gilberto Gil)
8. Intro (Gilberto Gil)
9. Fragmento LÍrico (Gilberto Gil)
10. Improviso Fragmento LÍrico (Gilberto Gil)
11. Circulo (Gilberto Gil)
12. Triangulo (Gilberto Gil)
13. Quadrado (Gilberto Gil)
14. Retângulo (Gilberto Gil)
15. Pentagono (Gilberto Gil)
16. Gil (Gilberto Gil)

2020
GIL E BAIANASYSTEM
AO VIVO EM SALVADOR

Sello: Noize — NRC036
Productor: Russo Passapusso

LADO A

1. Is This Love (Bob Marley)
2. Nos Barracos Da Cidade (Gilberto Gil, Liminha); Systema Fobica
(BaianaSystem)
3. Extra (Gilberto Gil)

LADO B

1. Pessoa Nefasta (Gilberto Gil)
2. Sarará Miolo (Gilberto Gil)
3. Emoriô (Gilberto Gil, João Donato); Dia Da Caça (Russo Passapusso)
4. Água (Antonio Carlos E Jocafi, Roberto Barreto, Russo Passapusso,
Ubiratan Marques)

2021
SÃO JOÃO AO VIVO
EM ARARAS

Sello: Gegê Produções

1. Fé Na Festa (Gilberto Gil)
2. Dança da Moda (Luiz Gonzaga, Zé Dantas)
3. Óia Eu Aqui de Novo (Antônio Barros)
4. Assim, Sim (Gilberto Gil)
5. Respeita Januário (Luiz Gonzaga, Humberto Teixeira)
6. O Xote das Meninas (Luiz Gonzaga, Zé Dantas)
7. Conversa Gil e Preta Gil (Gilberto Gil)
8. Eu Só Quero Um Xodó (Dominguinhos, Anastácia) Participação: Preta Gil
9. Asa Branca (Luiz Gonzaga, Humberto Teixeira)
10. A Volta da Asa Branca (Luiz Gonzaga, Zé Dantas)
11. São João Xangô Menino (Caetano Veloso, Gilberto Gil)
12. Esperando Na Janela (Targino Gondim, Manuca Almeida, Raimundinho do Acordeon)
13. Qui Nem Jiló (Luiz Gonzaga, Humberto Teixeira)
14. Pedras Que Cantam (Dominguinhos, Fausto Nilo)
15. Conversa Gil e Mestrinho (Gilberto Gil)
16. Isso Aqui Tá Bom Demais (Dominguinhos, Nando Cordel)
17. Toda Menina Baiana (Gilberto Gil)
18. Olha Pro Céu (Luiz Gonzaga, José Fernandes)

2022

EM CASA COM OS GIL

Sello: Gegê Produções

1. Palco (Gilberto Gil)
2. Barato Total (Gilberto Gil)
3. Back In Bahia (Gilberto Gil)
4. Esotérico (Gilberto Gil)
5. Queremos Saber (Gilberto Gil)
Participação: Fran, Ana Cláudia Lomelino (Mãeana)
6. Super-Homem (A Canção) (Gilberto Gil)
7. Drão (Gilberto Gil) Participação: Preta Gil
8. Sereno (Gilberto Gil, Bem Gil)
9. Não Tenho Medo da Morte (Gilberto Gil)
10. Cores Vivas (Gilberto Gil)
11. Babá Alapalá (Gilberto Gil)
12. Touche Pas a Mon Pote (Gilberto Gil)
13. Feliz Por Um Triz (Gilberto Gil)
14. Sítio do Pica-Pau Amarelo (Gilberto Gil)
Participação: Preta Gil, Fran, Flor Gil
15. Realce (Gilberto Gil)

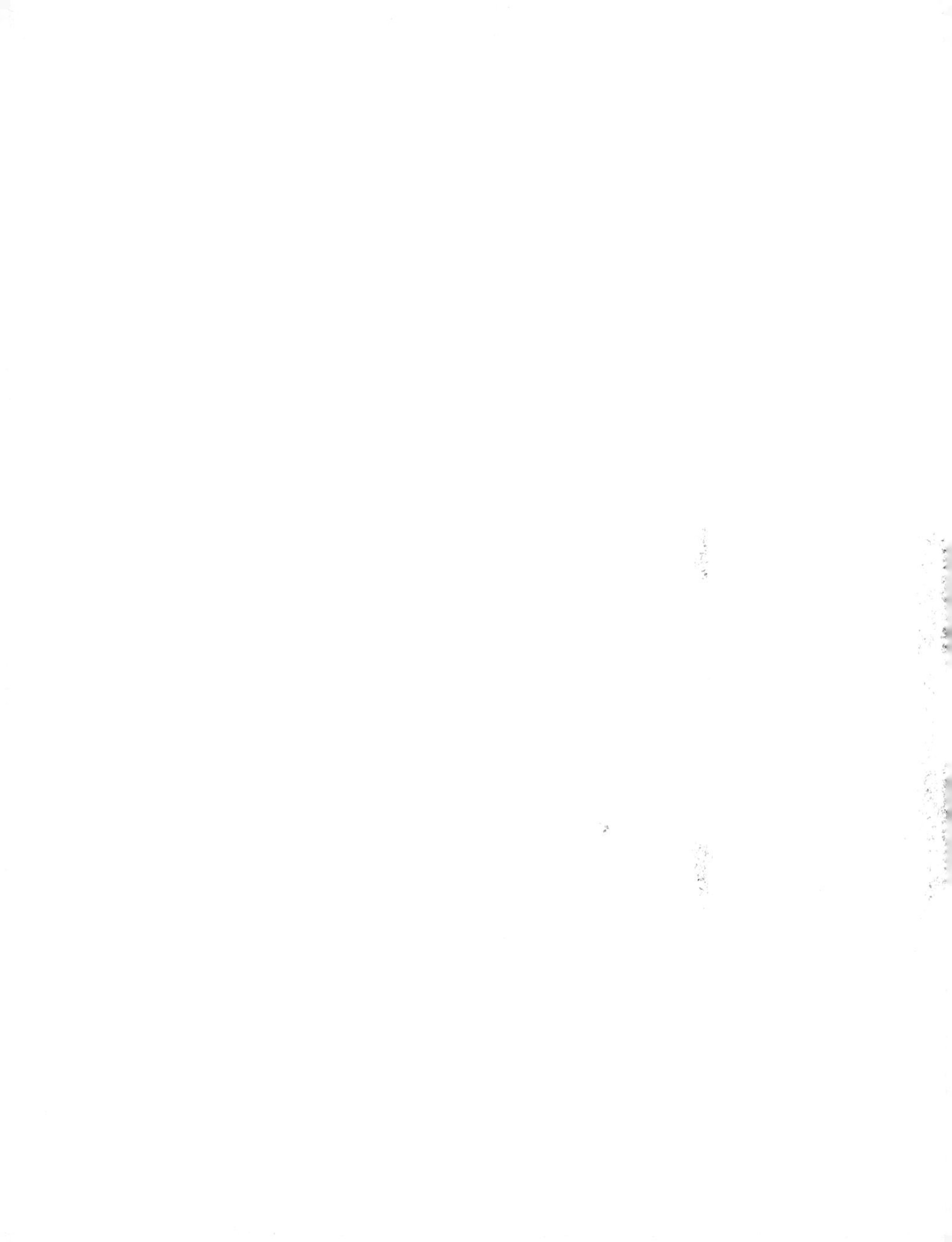

Made in the USA
Monee, IL
07 July 2026